Descifrando el código: Introducción al aprendizaje automático para principiantes

Construyendo una base para la inteligencia artificial

Isabella Fernandez

Tabla de contenido

INTRODUCCIÓN

En el paisaje siempre cambiante de la tecnología, el Aprendizaje Automático (ML) se encuentra en la vanguardia, impulsando la innovación y remodelando la forma en que interactuamos con el mundo digital. "Descifrando el Código: Introducción al Aprendizaje Automático para Principiantes - Construyendo una Base para la Inteligencia Artificial" es tu clave para desentrañar los misterios de este campo transformador, diseñado para desmitificar conceptos complejos y allanar el camino para que los principiantes comprendan los fundamentos de la Inteligencia Artificial (IA).

Al emprender este viaje, el primer capítulo sienta las bases al abordar la pregunta fundamental: ¿Qué es el Aprendizaje Automático? Exploramos sus raíces históricas, revelando su papel fundamental en nuestro presente y su importancia en la configuración del futuro. La narrativa transita sin problemas hacia el amplio ámbito de la IA, elucidando la intrincada conexión entre los dos dominios y cómo impregnan nuestras vidas diarias.

Actúa como una brújula, guiando a los lectores a través del diverso paisaje de los tipos de aprendizaje automático, desde la orientación estructurada del aprendizaje supervisado hasta los territorios inexplorados del aprendizaje no supervisado y el proceso dinámico de toma de decisiones del aprendizaje por refuerzo. Ejemplos del mundo real iluminan cada tipo, proporcionando contextos tangibles para comprender sus aplicaciones.

Crucialmente, reconocemos que para navegar por el terreno del Aprendizaje Automático, es esencial contar con una competencia básica en los conceptos matemáticos subyacentes. Así, el Capítulo 4 se adentra en las matemáticas necesarias, desentrañando el Álgebra Lineal, el Cálculo y la Probabilidad Estadística, haciéndolos accesibles incluso para aquellos sin antecedentes matemáticos previos.

En capítulos posteriores, exploramos los conceptos centrales del Aprendizaje Automático, las complejidades del flujo de trabajo del ML y los algoritmos populares que constituyen su columna vertebral. También se destacan consideraciones éticas en la IA, la evolución del campo en crecimiento y aplicaciones prácticas del Aprendizaje Automático, asegurando una comprensión holística de su impacto en nuestras vidas.

El viaje culmina con una guía práctica sobre cómo construir un primer proyecto de Aprendizaje Automático, capacitando a los principiantes para traducir el conocimiento teórico en aplicaciones del mundo real. A medida que desciframos el "código" juntos, este libro electrónico sirve como una introducción y una herramienta fundamental para cualquier persona que busque comprender y contribuir al emocionante ámbito del Aprendizaje Automático e Inteligencia Artificial.

CAPÍTULO I

Fundamentos de la Inteligencia Artificial

La Conexión entre la IA y el Aprendizaje Automático

Un campo popular de la informática llamado inteligencia artificial (IA) busca construir máquinas inteligentes que puedan replicar procesos cognitivos humanos. El aprendizaje automático, una rama de la ciencia de la inteligencia artificial, tiene como objetivo brindar a las computadoras la capacidad de identificar patrones en los datos, aprender de ellos y tomar decisiones sin programación explícita.

El aprendizaje automático (ML, por sus siglas en inglés) utiliza fundamentalmente modelos estadísticos y algoritmos computacionales para mejorar repetidamente predicciones o decisiones basadas en datos de entrada. A diferencia de la programación tradicional, que utiliza instrucciones explícitas para controlar el comportamiento del sistema, los sistemas de aprendizaje automático utilizan percepciones impulsadas por datos para mejorar el rendimiento con el tiempo. Al implementar algoritmos de aprendizaje dentro de marcos de IA, las computadoras pueden adaptarse, optimizarse y evolucionar sus respuestas en circunstancias del mundo real donde la IA y el aprendizaje automático trabajan juntos.

La conexión entre la IA y el aprendizaje automático se manifiesta en diversas aplicaciones, que van desde el procesamiento del lenguaje natural y el reconocimiento de imágenes hasta la analítica predictiva y los sistemas autónomos. En el procesamiento del lenguaje natural, por ejemplo, los algoritmos de IA pueden ser entrenados utilizando técnicas de aprendizaje automático para comprender, interpretar y generar lenguaje similar al humano. Esta capacidad es esencial para asistentes virtuales, chatbots y servicios de traducción de idiomas, mejorando la interacción entre humanos y computadoras al permitir que las máquinas comprendan y respondan a las entradas de los usuarios de manera contextualmente relevante.

En el reconocimiento de imágenes, la integración de la inteligencia artificial (IA) y el aprendizaje automático (ML) permite a las máquinas analizar e interpretar datos visuales. Los algoritmos de aprendizaje automático y modelos de aprendizaje intensivo pueden entrenarse con vastos conjuntos de datos para reconocer patrones, formas y objetos dentro de las imágenes. Esto afecta profundamente a industrias como la atención médica, donde los sistemas de diagnóstico basados en IA utilizan el análisis de imágenes médicas para ayudar a detectar enfermedades en etapas tempranas y aumentar la precisión del diagnóstico médico.

Otra área en la que hay una fuerte conexión entre la IA y el ML es la analítica predictiva. Cuando se aplican a conjuntos de datos masivos, los algoritmos de aprendizaje automático pueden revelar patrones y conexiones complejas que pueden eludir metodologías analíticas estándar. Las empresas utilizan estas perspicacias predictivas para la gestión de riesgos, el monitoreo del comportamiento del cliente y la predicción de la demanda. El poder predictivo del aprendizaje automático mejora los procedimientos de toma de decisiones al ayudar a las empresas a prever tendencias, reducir riesgos y asignar recursos de la manera más eficiente posible.

Los sistemas autónomos, que incluyen vehículos autónomos y drones, ejemplifican la sinergia entre la inteligencia artificial (IA) y el aprendizaje automático (ML) en la creación de máquinas inteligentes y adaptativas. Estos sistemas dependen de algoritmos de aprendizaje para navegar en entornos complejos, reconocer obstáculos y tomar decisiones en tiempo real basadas en entradas de sensores. El aprendizaje continuo y la adaptación inherentes al aprendizaje automático contribuyen a la robustez y eficiencia de los sistemas autónomos, permitiéndoles navegar en escenarios dinámicos e impredecibles.

La conexión entre la IA y el aprendizaje automático es particularmente evidente en la atención médica, donde las tecnologías avanzadas transforman los procesos de diagnóstico, la planificación del tratamiento y la atención al paciente. Los algoritmos de aprendizaje automático, entrenados en diversos conjuntos de datos médicos, pueden ayudar en el diagnóstico de enfermedades, identificar opciones de tratamiento potenciales y predecir resultados para los pacientes. Al personalizar planes de tratamiento basados en características únicas de cada paciente, la integración de la IA y el aprendizaje automático en la atención médica mejora la precisión de los diagnósticos médicos y avanza en el concepto de medicina personalizada.

Una de las ventajas significativas de la conexión entre la IA y el aprendizaje automático es su capacidad para manejar grandes cantidades de datos y derivar conocimientos significativos. En sectores como las finanzas, la integración de la IA y el aprendizaje automático permite un análisis sofisticado de datos para la detección de fraudes, el trading algorítmico y la evaluación de riesgos. Los algoritmos de aprendizaje automático pueden identificar patrones inusuales o anomalías en transacciones financieras, contribuyendo a la detección temprana de actividades fraudulentas.

Además, los modelos predictivos impulsados por el aprendizaje automático contribuyen a decisiones de inversión más informadas y a la gestión de carteras.

La conexión entre la inteligencia artificial (IA) y el aprendizaje automático (ML) está estrechamente vinculada a la evolución del Big Data. El crecimiento sin precedentes en la generación y capacidad de almacenamiento de datos ha impulsado a los algoritmos de aprendizaje automático, permitiéndoles aprender y extraer ideas de conjuntos de datos masivos. A medida que el volumen, la velocidad y la variedad de datos se expanden, la relación simbiótica entre la IA y el aprendizaje automático se vuelve cada vez más integral para extraer conocimientos valiosos e informar los procesos de toma de decisiones en diversas industrias.

La relación entre la IA y el aprendizaje automático se ha fortalecido principalmente gracias al aprendizaje profundo, una subcategoría del aprendizaje automático. Las redes neuronales, en particular, son modelos de aprendizaje profundo que han mostrado resultados impresionantes en aplicaciones de reconocimiento de voz e imágenes. Estos niveles interconectados de modelos, que se inspiran en la estructura y operación del cerebro humano, pueden extraer automáticamente aspectos jerárquicos de los datos. La IA ha evolucionado drásticamente a un nivel de vanguardia con la aplicación de técnicas de aprendizaje profundo, permitiendo que las máquinas realicen tareas cognitivas desafiantes a niveles previamente inimaginables.

Existen algunas dificultades y factores a considerar al integrar la IA y el aprendizaje automático. Debe prestarse atención cuidadosa al sesgo del algoritmo, las ramificaciones éticas y la necesidad de interpretabilidad en los procedimientos de toma de decisiones. La transparencia en los modelos de aprendizaje automático es crucial para mantener la confianza y la responsabilidad, especialmente en aplicaciones vitales como la banca y la atención médica. La importancia de métodos de desarrollo y despliegue responsables se destaca mediante iniciativas que abordan el sesgo en los algoritmos y promueven la equidad en los sistemas de IA.

La colaboración interdisciplinaria entre investigadores de IA, practicantes de aprendizaje automático y expertos en dominios es fundamental para avanzar en la conexión entre la IA y el aprendizaje automático. La sinergia entre estos campos permite el desarrollo de algoritmos más sofisticados, la exploración de aplicaciones innovadoras y la mejora de modelos existentes basándose en retroalimentación del mundo real. Integrar la experiencia específica del dominio con las metodologías de IA y aprendizaje automático mejora la relevancia y eficacia de los sistemas inteligentes en diversos contextos.

La trayectoria futura de la conexión entre la inteligencia artificial (IA) y el aprendizaje automático (ML) promete avances e innovaciones adicionales. La investigación continua en algoritmos novedosos, mejoras en la potencia computacional y la exploración de aplicaciones interdisciplinarias darán forma a la evolución de los sistemas inteligentes. La integración de la IA y el aprendizaje automático está preparada para redefinir industrias, impulsar avances tecnológicos y abordar desafíos complejos en sectores como la salud, las finanzas, el transporte y más allá. A medida que la conexión entre la IA y el aprendizaje automático continúa profundizándose, la sociedad puede anticipar impactos transformadores en cómo percibimos, interactuamos y aprovechamos las tecnologías inteligentes para buscar el progreso y la innovación.

IA en la Vida Cotidiana

La inteligencia artificial (IA) influye en cómo vivimos, trabajamos e interactuamos con el mundo exterior y se ha convertido en una parte necesaria de la existencia diaria. Las tecnologías de inteligencia artificial (IA) se integran sin esfuerzo en todos los aspectos de la vida moderna, desde sugerencias personalizadas y asistentes virtuales hasta vehículos autónomos y electrodomésticos inteligentes para el hogar. Una de las formas más comunes en que se utiliza la inteligencia artificial a diario es a través de asistentes virtuales, como Google Assistant, Alexa de Amazon y Siri de Apple. Estos sistemas sofisticados activados por voz pueden interpretar comandos de usuario, responder a consultas y realizar diversas funciones, como gestionar electrodomésticos inteligentes y establecer recordatorios, mediante algoritmos de aprendizaje automático y procesamiento de lenguaje natural. La accesibilidad y facilidad de uso de los asistentes virtuales han revolucionado cómo manejamos nuestras agendas diarias y nos relacionamos con la información.

La inteligencia artificial tiene un impacto en las experiencias en línea además de los dispositivos personales. Los algoritmos que impulsan sitios de redes sociales, motores de búsqueda y sistemas de recomendación de contenido utilizan la inteligencia artificial (IA) para comprender mejor las preferencias del usuario, personalizar contenido y mejorar las experiencias del usuario. Los algoritmos de inteligencia artificial (IA) examinan su historial de búsqueda, ubicación y comportamiento al buscar información en línea para proporcionar resultados más individualizados y relevantes. De manera similar, las empresas de redes sociales emplean la inteligencia artificial para adaptar anuncios, recomendar amigos y organizar feeds según los patrones de participación e interés del usuario. Estas plataformas pueden ajustarse a los cambios en las preferencias del usuario gracias a la capacidad de aprendizaje continuo de la IA, haciendo que la experiencia en línea sea dinámica y personalizada.

La IA desempeña un papel transformador en los procesos de diagnóstico, planificación del tratamiento y atención al paciente en el ámbito de la salud. Los algoritmos de aprendizaje automático analizan vastos conjuntos de datos de información médica para ayudar en el diagnóstico de enfermedades, prever resultados para los pacientes e identificar opciones de tratamiento personalizadas. Las herramientas de diagnóstico impulsadas por IA pueden analizar imágenes médicas, como radiografías y resonancias magnéticas, con un nivel de precisión que complementa y mejora las capacidades de los profesionales de la salud. Además, los dispositivos portátiles con capacidades de IA monitorean signos vitales, brindando información de salud en tiempo real y permitiendo la gestión proactiva de la salud. La integración de la IA en la salud contribuye a diagnósticos más precisos, medicina personalizada y mejores resultados para los pacientes.

Otra aplicación de la IA en la vida cotidiana se encuentra en los vehículos autónomos, que se están desarrollando gracias a avances en tecnologías de sensores y aprendizaje automático. Para que los sistemas de IA naveguen y tomen decisiones en tiempo real mientras conducen, procesan información de varios sensores, como radar, lidar y cámaras. Aunque los vehículos completamente autónomos aún están en las etapas de prueba, las tecnologías impulsadas por IA, como el estacionamiento automático, la asistencia para mantenerse en el carril y el control de crucero adaptativo, son cada vez más populares en los automóviles modernos. La aplicación de la IA en el transporte tiene el potencial de transformar la movilidad futura, reducir el tráfico y mejorar la seguridad vial.

Los dispositivos domésticos inteligentes equipados con capacidades de inteligencia artificial (IA) han redefinido el concepto de automatización del hogar. Los termostatos, sistemas de iluminación y cámaras de seguridad impulsados por IA aprenden las preferencias del usuario y se adaptan a los hábitos individuales, optimizando el consumo de energía y mejorando la seguridad. Asistentes virtuales integrados en altavoces inteligentes sirven como centros centrales, permitiendo a los usuarios controlar varios dispositivos con comandos de voz. Estas soluciones inteligentes para el hogar impulsadas por IA contribuyen a un mayor ahorro de energía, conveniencia y seguridad, dando forma al entorno de vida moderno.

En el sector financiero, se utiliza la IA para la detección de fraudes, la evaluación de riesgos y tareas de negociación algorítmica. Los algoritmos de aprendizaje automático analizan bases de datos de transacciones financieras a gran escala para encontrar patrones que indiquen posibles fraudes. Los modelos predictivos impulsados por IA evalúan las tendencias del mercado y los riesgos para ayudar en la gestión de carteras y las decisiones de inversión. Las aplicaciones de IA en finanzas proporcionan velocidad y precisión que ayudan a los profesionales financieros a tomar decisiones mejores, reducir el riesgo y mejorar la estabilidad en general.

La IA ha impactado drásticamente en el sector del entretenimiento, especialmente en la producción y recomendación de contenido. Los servicios de transmisión realizan recomendaciones de contenido personalizadas mediante algoritmos de aprendizaje automático que examinan las preferencias del usuario, los historiales de visualización y los patrones de participación. Los algoritmos de IA también generan escritura, arte y música. Con la aparición de contenido generado por IA, surgen problemas relacionados con la autoría, la creatividad y la conexión entre la tecnología y la expresión artística.

El impacto de la IA en la producción y el consumo de contenido de entretenimiento solo crecerá a medida que se desarrolle.

Las tecnologías de IA se utilizan cada vez más en la educación para personalizar las experiencias de aprendizaje, evaluar el rendimiento de los estudiantes y simplificar tareas administrativas. Las plataformas de aprendizaje adaptativo utilizan algoritmos de IA para adaptar el contenido educativo según el progreso individual y los estilos de aprendizaje de cada estudiante. Las herramientas de evaluación impulsadas por IA pueden proporcionar retroalimentación en tiempo real sobre el rendimiento de los estudiantes, facilitando estrategias de enseñanza más específicas y efectivas. Tareas administrativas, como calificaciones y programación, pueden automatizarse a través de aplicaciones de IA, permitiendo que los educadores se centren más en la enseñanza y la participación estudiantil.

La IA también ha contribuido significativamente a los servicios de traducción de idiomas, rompiendo barreras de comunicación en un mundo globalizado. Las herramientas de traducción impulsadas por IA utilizan procesamiento de lenguaje natural y aprendizaje automático para proporcionar traducciones precisas y contextualmente relevantes. Estas herramientas respaldan la comunicación intercultural, fomentan la colaboración a escala global y permiten que las personas accedan fácilmente a la información en varios idiomas.

La inteligencia artificial (IA) en el servicio al cliente ha cambiado por completo la forma en que las empresas se comunican con sus clientes. Los chatbots y asistentes virtuales impulsados por IA responden a preguntas estándar de los clientes, brindan información y ayudan en la resolución de problemas. La capacidad de los sistemas de IA para entender el lenguaje natural y el contexto contribuye a interacciones con los clientes más fluidas y eficientes. Además, las aplicaciones de IA en la gestión de relaciones con los clientes analizan datos para prever las preferencias de los clientes, adaptar estrategias de marketing y mejorar la satisfacción general del cliente.

La ciberseguridad se beneficia significativamente de soluciones impulsadas por IA que detectan y responden a amenazas cibernéticas en tiempo real. Los algoritmos de aprendizaje automático analizan patrones de tráfico de red, comportamiento del usuario y posibles vulnerabilidades para identificar actividades anómalas que indican brechas de seguridad. La naturaleza adaptativa de la IA en ciberseguridad permite que los sistemas aprendan de amenazas en evolución y adapten continuamente las defensas. La IA en ciberseguridad contribuye a una protección más sólida frente a un panorama de amenazas cibernéticas en constante cambio.

A pesar de los numerosos beneficios, la integración generalizada de la IA en la vida cotidiana plantea consideraciones éticas y desafíos sociales. Las preocupaciones sobre la privacidad, el sesgo en los algoritmos y el impacto de la automatización en el empleo son aspectos cruciales que requieren escrutinio. Una regulación cuidadosa, la transparencia en los algoritmos y el compromiso de abordar las ramificaciones sociales son necesarios para desarrollar e implementar la tecnología de IA de manera responsable.

En conclusión, la IA se ha integrado sin problemas en la vida cotidiana, influyendo en cómo nos comunicamos, trabajamos, aprendemos y navegamos por el mundo. Desde asistentes virtuales y recomendaciones personalizadas hasta aplicaciones transformadoras en salud, transporte y entretenimiento, el impacto de la IA es extenso y multifacético. A medida que las tecnologías de IA evolucionan, es probable que su papel en dar forma al futuro de diversas industrias y experiencias cotidianas se expanda, generando discusiones continuas sobre ética, regulación y el uso responsable de sistemas inteligentes en un paisaje tecnológico que avanza rápidamente.

Visión general de las aplicaciones de la inteligencia artificial (IA)

El panorama de las aplicaciones de la inteligencia artificial (IA) es expansivo y evoluciona continuamente, transformando industrias, mejorando la eficiencia y revolucionando la forma en que interactuamos con la tecnología. Un dominio destacado donde la IA ha avanzado significativamente es el procesamiento del lenguaje natural. Modelos de lenguaje impulsados por IA, como el GPT-3 de OpenAI, han demostrado una notable eficiencia en comprender y generar texto similar al humano. Estos modelos alimentan asistentes virtuales, chatbots y servicios de traducción de idiomas, permitiendo interacciones más sofisticadas y contextualmente conscientes entre usuarios y máquinas. La comprensión y producción del lenguaje natural impactan significativamente en el servicio al cliente, el desarrollo de contenido y la comunicación intercultural.

Otra área importante de aplicaciones de IA es la visión por computadora, que se centra en dar a las máquinas la capacidad de percibir y comprender datos visuales. Los modelos de aprendizaje intensivo y los algoritmos de IA son muy eficientes en la identificación facial, la detección de objetos y el reconocimiento de imágenes. Esto afecta ampliamente a diversas industrias, incluyendo el comercio minorista, la seguridad, los vehículos sin conductor y la atención médica. El análisis de imágenes impulsado por IA ayuda en el diagnóstico médico al analizar imágenes radiológicas, encontrar anomalías y apoyar a los profesionales de la salud en la toma de decisiones más rápidas y precisas.

En seguridad, la tecnología de reconocimiento facial mejora los sistemas de vigilancia y autenticación, promoviendo la seguridad pública y la gestión de accesos.

Los algoritmos de aprendizaje automático examinan conjuntos de datos a gran escala para identificar tendencias, correlaciones y patrones que ayudan a las organizaciones a pronosticar y tomar decisiones con confianza. Los modelos de aprendizaje automático evalúan riesgos, predicen tendencias del mercado y mejoran estrategias de inversión en la industria financiera. Las aplicaciones de análisis predictivo en la atención médica incluyen la gestión proactiva de pacientes, la planificación de tratamientos personalizados y la predicción de enfermedades. Los procedimientos de toma de decisiones se transforman gracias a la capacidad del aprendizaje automático para extraer ideas de conjuntos de datos masivos, lo que ayuda a las empresas y proveedores de atención médica a prever problemas y aprovechar oportunidades.

La robótica y la inteligencia artificial han redefinido la automatización y la autonomía en diversas industrias. Los robots impulsados por IA demuestran capacidades que van desde tareas rutinarias en la fabricación hasta movimientos y toma de decisiones complejas en el ámbito de la salud y la logística. Los robots colaborativos, o cobots, trabajan junto a los humanos en procesos de fabricación, aumentando la eficiencia y la flexibilidad. Los robots con capacidades de IA ayudan en cirugías, rehabilitación y cuidado de pacientes en el ámbito de la salud. La fusión de la IA y la robótica representa un cambio de paradigma en cómo las máquinas interactúan y responden a su entorno, fomentando una mayor precisión y adaptabilidad.

Los sistemas autónomos impulsados por la IA están transformando el transporte. Los autos autónomos aprovechan algoritmos de IA para la navegación, la detección de obstáculos y la toma de decisiones en la carretera. La integración de la IA en el transporte se extiende a los drones, que demuestran autonomía en diversas aplicaciones, desde vigilancia y agricultura hasta la entrega de paquetes. La forma en que los sistemas autónomos pueden redefinir los servicios de entrega, la logística y la movilidad urbana destaca cómo la IA cambiará fundamentalmente el panorama del transporte en el futuro.

El sector de la salud está siendo testigo de una revolución impulsada por aplicaciones de IA, centrándose en mejorar el diagnóstico, la planificación de tratamientos y la atención al paciente. La imagen médica, impulsada por algoritmos de IA, mejora la precisión de los diagnósticos mediante el análisis de imágenes radiológicas. Los modelos predictivos impulsados por IA ayudan a identificar a individuos en riesgo de enfermedades específicas, permitiendo intervenciones proactivas y estrategias de atención médica personalizadas. El procesamiento del lenguaje natural en la atención médica facilita la extracción de ideas valiosas de notas clínicas y literatura de investigación, contribuyendo a avances en el conocimiento médico y la investigación. La integración de la IA en la atención médica mejora los resultados clínicos y simplifica tareas administrativas, optimizando el ecosistema de la salud.

Las aplicaciones de la IA en la industria financiera van más allá del análisis predictivo e incluyen la detección de fraudes, el trading algorítmico y el servicio al cliente. Los algoritmos de aprendizaje automático examinan las transacciones financieras para identificar patrones indicativos de actividades fraudulentas, contribuyendo a una mayor seguridad. El trading algorítmico aprovecha las capacidades de la IA para analizar tendencias del mercado, ejecutar operaciones y optimizar carteras de inversión. Los chatbots y asistentes virtuales impulsados por IA brindan un servicio al cliente personalizado, respondiendo consultas y ayudando con transacciones financieras. La intersección de la IA y las finanzas ejemplifica el potencial transformador de las tecnologías inteligentes para optimizar procesos operativos y mejorar las experiencias del cliente.

Las aplicaciones de inteligencia artificial buscan personalizar las experiencias de aprendizaje, evaluar el rendimiento de los estudiantes y simplificar tareas administrativas en la educación. Las plataformas de aprendizaje adaptativo, impulsadas por algoritmos de inteligencia artificial, adaptan el contenido educativo según el progreso y el estilo de aprendizaje individual de cada estudiante. Las herramientas de evaluación impulsadas por inteligencia artificial brindan retroalimentación en tiempo real sobre el rendimiento del estudiante, permitiendo a los educadores adoptar estrategias de enseñanza más específicas. Tareas administrativas, como la calificación y la programación, pueden automatizarse mediante aplicaciones de inteligencia artificial, liberando a los educadores para centrarse en la enseñanza y la orientación. La integración de la inteligencia artificial en la educación contribuye a un enfoque más adaptativo y centrado en el estudiante, atendiendo a diversas necesidades de aprendizaje.

Los servicios de transmisión utilizan algoritmos de aprendizaje automático para analizar las preferencias del usuario, el historial de visualización y los patrones de participación, brindando recomendaciones de contenido personalizadas. La inteligencia artificial también incursiona en la creación de música, arte y escritura, desafiando las nociones tradicionales de creatividad y autoría. La intersección de la inteligencia artificial y el entretenimiento refleja las posibilidades dinámicas de los sistemas inteligentes para dar forma y diversificar las experiencias de consumo de contenido.

Las aplicaciones de inteligencia artificial en el servicio al cliente han redefinido la forma en que las empresas interactúan con su clientela. El procesamiento del lenguaje natural permite que estos sistemas de inteligencia artificial comprendan el contexto, la intención y el sentimiento, mejorando la calidad de las interacciones con los clientes. Además, las aplicaciones de inteligencia artificial en la gestión de relaciones con los clientes analizan datos para prever las preferencias de los clientes, adaptar estrategias de marketing y optimizar la satisfacción general del cliente. La integración de la inteligencia artificial en el servicio al cliente simplifica procesos, mejora la capacidad de respuesta y contribuye a experiencias más personalizadas y eficientes para el cliente.

Otra área donde las soluciones de inteligencia artificial son esenciales para proteger datos sensibles y activos digitales es la ciberseguridad. Los algoritmos de aprendizaje automático facilitan la detección y respuesta en tiempo real a amenazas cibernéticas, examinando el comportamiento del usuario, los patrones de tráfico de red y posibles vulnerabilidades. Dado que la inteligencia artificial es adaptable, los sistemas de ciberseguridad pueden ajustar continuamente las defensas en respuesta a amenazas cambiantes. Al ofrecer un mecanismo de defensa proactivo y dinámico, la inteligencia artificial en ciberseguridad ayuda a proporcionar una protección más efectiva contra un panorama en constante evolución de amenazas cibernéticas.

En los servicios de traducción de idiomas, las aplicaciones de inteligencia artificial están derribando barreras de comunicación en un mundo globalizado. Las herramientas de traducción impulsadas por inteligencia artificial aprovechan el procesamiento del lenguaje natural y el aprendizaje automático para proporcionar traducciones precisas y contextualmente relevantes. Estas herramientas respaldan la comunicación intercultural, fomentan la colaboración a escala global y permiten que las personas accedan fácilmente a la información en varios idiomas. La capacidad de la inteligencia artificial para facilitar traducciones de idiomas de manera fluida y precisa tiene implicaciones transformadoras para la comunicación y colaboración transfronterizas.

Las aplicaciones de la inteligencia artificial en la agricultura, conocidas como agricultura de precisión, contribuyen a optimizar los rendimientos de los cultivos, la gestión de recursos y la sostenibilidad. Los algoritmos de inteligencia artificial analizan datos de sensores, satélites y drones para proporcionar información sobre la salud del suelo, las condiciones de los cultivos y los patrones climáticos. La integración de la inteligencia artificial en la agricultura ejemplifica cómo las tecnologías inteligentes pueden abordar desafíos complejos y contribuir a la resiliencia y productividad de la cadena de suministro alimentaria.

En conclusión, la visión general de las aplicaciones de la inteligencia artificial abarca diversos sectores, cada uno mostrando el impacto transformador de las tecnologías inteligentes en varios aspectos de la vida humana e industria. Desde el procesamiento del lenguaje y la visión por computadora hasta la robótica, la atención médica, las finanzas, la educación, el entretenimiento, el servicio al cliente, la ciberseguridad, la traducción de idiomas y la agricultura, la amplitud de las aplicaciones de la inteligencia artificial refleja un paisaje dinámico de innovación y progreso. A medida que la inteligencia artificial continúa evolucionando, es probable que sus aplicaciones se expandan aún más, impulsando avances, eficiencia y una amplia gama de posibilidades en diferentes ámbitos. La integración continua de la inteligencia artificial en la vida cotidiana subraya su papel como catalizador de cambio, dando forma a un futuro donde las tecnologías inteligentes desempeñan un papel cada vez más integral en nuestras interacciones, procesos de toma de decisiones y el tejido general de la sociedad.

CAPÍTULO II

Tipos de Aprendizaje Automático

Aprendizaje Supervisado

El aprendizaje supervisado representa un paradigma fundamental y ampliamente utilizado dentro del aprendizaje automático, sirviendo como enfoque básico para entrenar algoritmos en la realización de predicciones o decisiones. Este marco de aprendizaje proporciona al algoritmo un conjunto de datos etiquetado, donde las etiquetas de salida corresponden a los datos de entrada de una empresa.

En un escenario de aprendizaje supervisado, el conjunto de datos etiquetado actúa como un maestro que guía el proceso de aprendizaje del algoritmo. El algoritmo se expone a pares de entrada y salida, lo que le permite discernir patrones, correlaciones y características dentro de los datos. Durante la fase de entrenamiento, el algoritmo perfecciona su modelo interno en función de los ejemplos proporcionados, esforzándose por minimizar la discrepancia entre sus salidas predichas y las salidas etiquetadas reales. Este proceso de optimización iterativo suele estar guiado por una función objetivo predefinida o una función de pérdida que cuantifica la diferencia entre los resultados esperados y los resultados reales.

La clasificación y la regresión son dos tareas principales abordadas por el aprendizaje supervisado. El algoritmo se entrena para asignar datos de entrada a categorías o clases predefinidas en la clasificación. Por ejemplo, un algoritmo de aprendizaje supervisado puede clasificar correos electrónicos como spam o no spam según las características extraídas del contenido del correo electrónico. En la regresión, el algoritmo predice un valor de salida continuo, como estimar el precio de una casa según varias características como el tamaño, la ubicación y el número de habitaciones. Ya sea resolviendo problemas de clasificación o regresión, los algoritmos de aprendizaje supervisado buscan generalizar patrones de los datos de entrenamiento para realizar predicciones precisas en datos nuevos e invisibles.

La esencia del aprendizaje supervisado radica en su capacidad para generalizar a partir de ejemplos conocidos y realizar predicciones sobre instancias previamente no vistas. El modelo entrenado debe capturar patrones subyacentes dentro de los datos, lo que le permite realizar predicciones precisas en datos nuevos y similares. Esta capacidad de generalización es crucial para la utilidad práctica de los algoritmos de aprendizaje supervisado, ya que su eficacia se evalúa en su rendimiento con datos no vistos en lugar de los datos de entrenamiento.

Una de las fortalezas críticas del aprendizaje supervisado es su versatilidad en diversos dominios y aplicaciones. Ha tenido éxito en el procesamiento del lenguaje natural, la visión por computadora, la atención médica, las finanzas y más. En el procesamiento del lenguaje natural, los modelos de aprendizaje supervisado pueden entrenarse para análisis de sentimientos, traducción de idiomas y reconocimiento de entidades nombradas. En la visión por computadora, el aprendizaje supervisado permite la clasificación de imágenes, la detección de objetos y el reconocimiento facial. La adaptabilidad del aprendizaje supervisado se destaca por su aplicación en el diagnóstico médico, donde los algoritmos pueden entrenarse para identificar patrones indicativos de enfermedades específicas en imágenes médicas.

El proceso de implementar un modelo de aprendizaje supervisado generalmente implica varios pasos. En primer lugar, es esencial tener un conjunto de datos bien curado que contenga instancias de datos de entrada emparejadas con etiquetas de salida correspondientes. El modelo se entrena en el conjunto de entrenamiento y se evalúa su rendimiento en datos nuevos y no probados en el conjunto de prueba. El tipo de problema determinará cuál es el mejor método; los algoritmos estándar incluyen árboles de decisión, redes neuronales, máquinas de vectores de soporte y regresión lineal.

El algoritmo ajusta iterativamente sus parámetros internos después de ser alimentado con datos de entrenamiento para minimizar la diferencia entre las etiquetas esperadas y reales. Técnicas como el descenso del gradiente, en las cuales el algoritmo modifica sus parámetros para reducir la función de pérdida, se utilizan con frecuencia en el proceso de optimización. El rendimiento del modelo en el conjunto de prueba se evalúa para determinar qué tan bien puede generalizar datos nuevos. Para evaluar el rendimiento del modelo, identificar problemas de sobreajuste o subajuste y ajustar los parámetros del modelo para obtener los mejores resultados, esta fase de evaluación es esencial.

Aunque el aprendizaje supervisado ha demostrado un considerable éxito en numerosas aplicaciones, presenta desafíos y limitaciones. El rendimiento del modelo está fuertemente influenciado por la calidad y representatividad del conjunto de datos etiquetado, y los sesgos en los datos de entrenamiento pueden trasladarse a las predicciones del modelo. Además, el aprendizaje supervisado depende de la a veces verdadera suposición de que los ejemplos etiquetados capturan suficientemente la diversidad e imprevisibilidad presentes en los datos del mundo real.

Además, el aprendizaje supervisado puede necesitar ayuda para obtener datos etiquetados, lo cual es intensivo en recursos o impracticable. Marcar manualmente datos para ubicaciones específicas de AP, como análisis de imágenes médicas o traducción de idiomas, puede ser demorado y costoso. Los paradigmas de aprendizaje semi-supervisado y no supervisado han surgido como alternativas para abordar estos desafíos, siendo el primero una combinación de datos etiquetados y no etiquetados, y el segundo explorando patrones dentro de datos no etiquetados sin etiquetas de salida explícitas.

En conclusión, el aprendizaje supervisado es un pilar del aprendizaje automático, ofreciendo un marco sólido para entrenar algoritmos y realizar predicciones basadas en ejemplos etiquetados. Su versatilidad y aplicabilidad en muchos dominios han impulsado su amplia adopción y éxito en la resolución de problemas del mundo real. A medida que el campo continúa evolucionando, es probable que los avances en algoritmos, disponibilidad de datos y recursos computacionales mejoren las capacidades del aprendizaje supervisado. Esto refuerza la importancia de buscar sistemas inteligentes capaces de comprender, aprender y tomar decisiones informadas en diversos contextos.

Aprendizaje No Supervisado

El aprendizaje no supervisado se erige como un paradigma fundamental dentro del amplio campo del aprendizaje automático, ofreciendo un enfoque distinto para entrenar algoritmos sin la orientación de datos de salida etiquetados. En este marco de aprendizaje, se presenta al algoritmo con datos de entrada sin etiquetas de salida explícitas correspondientes, y su tarea es descubrir patrones, estructuras o relaciones inherentes dentro de los datos. El aprendizaje no supervisado opera sobre la premisa de las características intrínsecas de los datos, donde el algoritmo se proporciona con ejemplos etiquetados a partir de los cuales aprender. Su objetivo es discernir estructuras subyacentes sin conocimiento previo de la salida deseada.

Uno de los objetivos principales del aprendizaje no supervisado es identificar patrones ocultos o agrupamientos dentro de los datos de entrada. El agrupamiento, una tarea destacada dentro del aprendizaje no supervisado, implica agrupar puntos de datos similares según criterios específicos. Por ejemplo, los algoritmos de agrupamiento pueden emplearse para categorizar clientes en segmentos basados en su comportamiento de compra, permitiendo a las empresas adaptar estrategias de marketing a grupos específicos de clientes. Otra tarea común es la reducción de la dimensionalidad, donde los algoritmos de aprendizaje no supervisado buscan capturar las características esenciales de los datos mientras reducen su complejidad. El análisis de componentes principales, o PCA, es un método popular para reducir la dimensionalidad que ayuda a visualizar e interpretar conjuntos de datos de alta dimensión.

Análogo al agrupamiento, el análisis de asociación es otra tarea de aprendizaje no supervisado que se centra en revelar relaciones y asociaciones entre variables en los datos. El análisis de la cesta de la compra, a menudo empleado en el comercio minorista, es un ejemplo clásico donde el algoritmo identifica patrones de coocurrencia entre productos en las transacciones de los clientes. Esta información puede utilizarse luego para la colocación estratégica de productos o para ofrecer promociones combinadas que aumenten las ventas. Las aplicaciones de técnicas de aprendizaje no supervisado también se encuentran en la detección de anomalías, donde el objetivo del algoritmo es descubrir puntos de datos que muestran una desviación significativa de la norma.

Esto es especialmente útil en ciberseguridad, detección de fraudes y control de calidad, ya que las irregularidades podrían indicar posibles riesgos de seguridad, actividades fraudulentas o defectos en los procedimientos de producción.

La ausencia de datos de salida etiquetados en el aprendizaje no supervisado plantea desafíos y oportunidades. Por un lado, libera al algoritmo de la necesidad de tener ejemplos etiquetados, lo que lo hace aplicable en escenarios donde obtener datos etiquetados es impráctico o costoso. Por otro lado, requiere que el algoritmo discerna de manera autónoma estructuras significativas dentro de los datos, lo que hace que la tarea sea inherentemente más compleja y abierta. En el aprendizaje no supervisado, un algoritmo debe navegar la variabilidad intrínseca y la diversidad de los datos, descubriendo patrones que pueden tardar en hacerse evidentes.

Una de las técnicas fundamentales en el aprendizaje no supervisado es el agrupamiento, que abarca una variedad de algoritmos destinados a agrupar puntos de datos similares. K-means es una técnica común de agrupamiento que divide los datos en un número fijo de grupos, cada uno representado por un centroide. El enfoque asigna iterativamente puntos de datos al grupo con el centroide más cercano hasta la convergencia. Sin embargo, el agrupamiento jerárquico produce una estructura de agrupamiento similar a un árbol, lo que permite representar relaciones jerárquicas en los datos de una manera más compleja. El tipo de datos y el resultado deseado determinarán cuál algoritmo de agrupamiento es el mejor, ya que diferentes algoritmos pueden proporcionar resultados diferentes según sus suposiciones subyacentes.

La reducción de dimensionalidad, un método utilizado para reducir la cantidad de características o variables en los datos manteniendo su información vital, es otro componente crítico del aprendizaje no supervisado. El análisis de componentes principales (PCA), que construye un nuevo conjunto de variables no correlacionadas llamadas componentes principales y las organiza según la varianza, es un método popular para reducir la dimensionalidad en el análisis de datos. Esta transformación permite una representación más compacta de los datos, facilitando la visualización e interpretación y mejorando a menudo el rendimiento de los modelos posteriores de aprendizaje automático. Las técnicas de reducción de dimensionalidad son valiosas cuando se trabaja con conjuntos de datos de alta dimensionalidad, ya que ayudan a mitigar la maldición de la dimensionalidad y mejoran la eficiencia computacional.

El análisis de asociación es otra tarea crítica dentro del aprendizaje no supervisado, centrada en descubrir relaciones y patrones de co-ocurrencia entre variables en los datos. Apriori y FP-growth son algoritmos conocidos en el análisis de asociación utilizados en escenarios como el análisis de la cesta de la compra. Estos algoritmos identifican conjuntos de elementos frecuentes, que representan combinaciones de elementos que aparecen con frecuencia juntos en transacciones. El conocimiento derivado del análisis de asociación tiene aplicaciones más allá del comercio minorista, extendiéndose a áreas como sistemas de recomendación, donde identificar elementos frecuentemente asociados informa recomendaciones personalizadas para los usuarios.

La detección de anomalías, una aplicación crítica del aprendizaje no supervisado, implica identificar instancias en los datos que se desvían significativamente de la norma. SVM de una clase (Support Vector Machine) y autoencoders en redes neuronales se utilizan comúnmente para la detección de anomalías. Por ejemplo, la detección de anomalías puede ser crucial para identificar comportamientos irregulares en la red que son indicativos de posibles amenazas de seguridad en ciberseguridad. De manera similar, los algoritmos de detección de anomalías en la fabricación pueden identificar productos defectuosos al reconocer desviaciones de los productos estándar en los patrones. La capacidad del aprendizaje no supervisado para detectar anomalías sin conocimiento previo de instancias específicas contribuye a su efectividad en aplicaciones donde pueden surgir patrones novedosos o imprevistos.

A pesar de su versatilidad, el aprendizaje no supervisado presenta desafíos. La falta de etiquetas de salida explícitas dificulta la evaluación del rendimiento del aprendizaje no supervisado. A diferencia del aprendizaje supervisado, donde se pueden aplicar métricas como precisión o exactitud de manera directa, evaluar la calidad de los resultados del aprendizaje no supervisado a menudo implica criterios específicos del dominio o depende de la interpretación subjetiva humana. Descubrir patrones significativos en el aprendizaje no supervisado depende de las suposiciones del algoritmo y la estructura inherente de los datos. Esto hace que sea esencial que los profesionales elijan y evalúen cuidadosamente las técnicas de aprendizaje no supervisado según las características de los datos y los objetivos del análisis.

Además, el éxito del aprendizaje no supervisado depende de la representatividad y diversidad de los datos de entrada. El algoritmo puede perpetuar sesgos en los datos, lo que lleva a resultados sesgados. Un preprocesamiento cuidadoso, la exploración y la validación de datos son cruciales para mitigar estos desafíos. La interpretabilidad de los resultados del aprendizaje no supervisado es otra consideración, ya que descubrir patrones dentro de los datos a veces puede no traducirse en ideas accionables o resultados comprensibles.

En conclusión, el aprendizaje no supervisado constituye un paradigma vital y versátil dentro del aprendizaje automático, permitiendo que los algoritmos descubran patrones, relaciones y estructuras dentro de datos no etiquetados. Sus aplicaciones abarcan diversos dominios, incluyendo el agrupamiento, la reducción de dimensionalidad, el análisis de asociación y la detección de anomalías. Desde el análisis de la cesta de la compra y la segmentación de clientes en los negocios hasta la detección de anomalías en ciberseguridad y el control de calidad en la fabricación, las técnicas de aprendizaje no supervisado desempeñan un papel fundamental en descubrir conocimientos ocultos e informar procesos de toma de decisiones. A medida que la tecnología avanza y los conjuntos de datos crecen en complejidad y escala, es probable que la relevancia y el impacto del aprendizaje no supervisado en la extracción de conocimientos significativos de datos no etiquetados se expandan, contribuyendo a la evolución de sistemas inteligentes.

Aprendizaje por Refuerzo

En el aprendizaje automático, el aprendizaje por refuerzo (RL) es un paradigma dinámico y potente que se distingue entre el aprendizaje supervisado y no supervisado. Fundamentalmente, el aprendizaje por refuerzo enseña a los agentes cómo elegir acciones una tras otra para maximizar la suma de sus recompensas. A través de la interacción con su entorno y la retroalimentación en forma de incentivos o penalizaciones por sus actividades, un agente puede aprender eventualmente a atravesar su entorno mediante el aprendizaje por refuerzo. Esto contrasta con el aprendizaje supervisado, donde el algoritmo se entrena con ejemplos etiquetados, y el aprendizaje no supervisado, que busca patrones en datos no etiquetados.

Tres elementos clave conforman el marco básico del aprendizaje por refuerzo: el entorno, el agente y el esquema de recompensas. El agente es el tomador de decisiones o aprendiz encargado de tomar acciones dentro de un contexto dado. El entorno representa el sistema externo o entorno en el que opera el agente. El sistema de recompensas proporciona retroalimentación al agente, indicando la deseabilidad o indeseabilidad de sus acciones. El objetivo del agente es aprender una política, una estrategia óptima para la toma de decisiones, que maximice las recompensas acumulativas con el tiempo. Este proceso de aprendizaje se enmarca a menudo como un Proceso de Decisión de Markov (MDP, por sus siglas en inglés), un marco matemático que formaliza el problema de RL al representar estados, acciones, probabilidades de transición y recompensas.

En un escenario de aprendizaje por refuerzo, el agente comienza con poco o ningún conocimiento sobre el entorno y aprende a través de ensayo y error. Después, el agente mejora su modelo interno y modifica su política para permitirle tomar decisiones más sabias en interacciones futuras. El aprendizaje por refuerzo depende en gran medida de este proceso iterativo de exploración y explotación, en el cual el agente busca equilibrar la iniciación de nuevas acciones para encontrar las mejores tácticas y el uso de técnicas existentes para maximizar las recompensas.

Una idea esencial en el aprendizaje por refuerzo es el equilibrio entre la exploración y la explotación. La experimentación implica probar acciones novedosas para evaluar su impacto y descubrir tácticas más lucrativas. Sin embargo, la explotación implica seleccionar tareas que, dada la información disponible, se sabe que producen recompensas altas. Encontrar el equilibrio ideal entre exploración y explotación puede ser difícil en la vida real, ya que concentrarse demasiado en una u otra puede tener resultados menos que ideales. Varias técnicas de exploración, como el muestreo de Thompson y las políticas épsilon-greedy, controlan este compromiso y garantizan un aprendizaje eficiente con el tiempo.

Uno de los algoritmos fundamentales en el aprendizaje por refuerzo es el Q-learning, que tiene como objetivo aprender la función de valor de acción óptima, que representa la recompensa acumulativa esperada al tomar una acción específica en un estado dado. El Q-learning utiliza el aprendizaje por diferencia temporal, actualizando sus estimaciones en función de la discrepancia entre las recompensas predichas y observadas. El aprendizaje profundo por refuerzo (DRL) extiende estos principios al incorporar redes neuronales para manejar espacios de estado y acción completos. Las Redes Q Profundas (DQN) ejemplifican esta fusión de aprendizaje profundo y aprendizaje por refuerzo, utilizando redes neuronales profundas para aproximar la función de valor de acción, permitiendo un aprendizaje más eficiente en entornos de alta dimensionalidad.

Los métodos de gradiente de política representan otra categoría de algoritmos de aprendizaje por refuerzo, donde el enfoque se centra en aprender directamente la función de política, es decir, la asignación de estados a acciones, en lugar de estimar la función de valor de acción. Estos métodos, incluida la famosa arquitectura Actor-Crítico, aprovechan el concepto de gradientes de política para actualizar la política del agente según las recompensas observadas. Los métodos de gradiente de política son particularmente efectivos en escenarios con espacios de acción continuos, donde los enfoques tradicionales de Q-learning pueden enfrentar desafíos.

El aprendizaje por refuerzo ha tenido un éxito significativo en diversos ámbitos, especialmente en inteligencia artificial y robótica. Los algoritmos de aprendizaje por refuerzo han logrado un rendimiento sobresaliente en entornos de juegos complejos como Go y ajedrez. El aprendizaje profundo por refuerzo ha sido fundamental para entrenar agentes para jugar videojuegos directamente desde datos visuales crudos, mostrando la capacidad de aprender estrategias sofisticadas a partir de información visual sin procesar. Más allá de los videojuegos, el aprendizaje por refuerzo ha encontrado aplicaciones en el control robótico, donde los agentes aprenden a manipular objetos físicos y navegar por entornos dinámicos a través de ensayo y error.

El aprendizaje por refuerzo se extiende a sistemas autónomos, incluidos los vehículos autónomos y vehículos aéreos no tripulados. Los algoritmos de aprendizaje por refuerzo permiten que estos sistemas aprendan políticas de control óptimas, se adapten a entornos cambiantes y tomen decisiones en tiempo real. La adaptabilidad y autonomía de los agentes de aprendizaje independiente los hacen adecuados para escenarios donde las reglas preprogramadas o la supervisión explícita pueden ser imprácticas.

El aprendizaje por refuerzo también ha contribuido notablemente al procesamiento del lenguaje natural, donde los sistemas aprenden a generar respuestas de conversación coherentes y contextualmente relevantes. Los sistemas de diálogo y los chatbots se benefician de la capacidad del aprendizaje por refuerzo para optimizar respuestas según la retroalimentación del usuario, lo que conduce a interacciones más atractivas y conscientes del contexto. En el ámbito de la salud, el aprendizaje por refuerzo ha optimizado planes de tratamiento y dosis de medicamentos, adaptando las intervenciones a las respuestas individuales de los pacientes con el tiempo.

A pesar de sus éxitos, el aprendizaje por refuerzo enfrenta desafíos y consideraciones específicas. El equilibrio entre exploración y explotación sigue siendo crucial, y el diseño de estrategias de exploración efectivas es un área de investigación en curso. Las demandas computacionales del aprendizaje por refuerzo, especialmente en el aprendizaje profundo por refuerzo, pueden ser significativas, requiriendo recursos computacionales y tiempo sustanciales. La sensibilidad de los algoritmos de aprendizaje por refuerzo a hiperparámetros, condiciones iniciales y la elección de arquitecturas de redes neuronales plantea desafíos para lograr un rendimiento consistente y confiable en diferentes tareas.

Además, el aprendizaje por refuerzo a menudo requiere datos sustanciales e interacciones ambientales para converger en políticas óptimas. En situaciones donde las interacciones en persona son costosas o inviables, esto puede ser una limitación. Se investigan estrategias como el entrenamiento basado en simulación y el aprendizaje por transferencia para mitigar estas dificultades. Estos enfoques permiten que los agentes se entrenen en entornos simulados antes de ser implementados en el mundo real o utilicen la información que han adquirido en una tarea para desempeñarse mejor en actividades relacionadas.

En conclusión, el aprendizaje por refuerzo representa un paradigma transformador en el aprendizaje automático, enfatizando la toma de decisiones secuenciales, el aprendizaje mediante interacción y la búsqueda de estrategias óptimas para maximizar las recompensas acumulativas. Sus aplicaciones abarcan diversos campos, como juegos, robótica, sistemas autónomos, procesamiento del lenguaje natural y salud. Desde lograr un rendimiento sobresaliente en juegos hasta habilitar sistemas adaptables y autónomos en el mundo físico, el aprendizaje por refuerzo ha demostrado su capacidad para aprender comportamientos complejos y tomar decisiones en entornos dinámicos e inciertos. A medida que la investigación en aprendizaje por refuerzo continúa avanzando y abordando desafíos relacionados con la exploración, eficiencia computacional y requisitos de datos, el potencial del aprendizaje por refuerzo para contribuir a sistemas inteligentes y adaptables en diversos campos sigue siendo un área vibrante de exploración e innovación.

Modelos Híbridos

Los modelos híbridos en aprendizaje automático representan una fusión de diferentes metodologías, combinando las fortalezas de múltiples enfoques para mejorar el rendimiento general y abordar las limitaciones inherentes a modelos individuales. Al combinar componentes de aprendizaje supervisado, no supervisado, aprendizaje por refuerzo y otras técnicas especializadas, estos procedimientos de hibridación suelen producir sistemas flexibles y adaptativos capaces de resolver problemas desafiantes.

Una aplicación común de los modelos híbridos implica la combinación de métodos de aprendizaje supervisado y no supervisado. En escenarios donde los datos etiquetados son escasos o costosos, aprovechar el aprendizaje no supervisado para extraer patrones y características de datos no etiquetados puede ser beneficioso. Estas representaciones aprendidas pueden luego servir como características de entrada para un modelo de aprendizaje supervisado, mejorando su capacidad para generalizar y realizar predicciones precisas sobre datos nuevos y no vistos. Esta amalgama es particularmente beneficiosa en tareas como el reconocimiento de imágenes, donde el aprendizaje de características no supervisado, a menudo logrado a través de técnicas como autoencoders, puede ayudar a capturar patrones intrincados que podrían ser difíciles de anotar manualmente.

Otro enfoque híbrido prevalente implica la fusión de aprendizaje supervisado y aprendizaje por refuerzo. Esta combinación es potente en tareas que requieren toma de decisiones secuenciales, donde el agente aprende a partir de ejemplos etiquetados e interacciones en tiempo real con el entorno. Por ejemplo, un modelo híbrido de robótica puede diseñarse para aprender a partir de demostraciones humanas (aprendizaje supervisado) y refinar su comportamiento a través de ensayo y error en el entorno real (aprendizaje por refuerzo). Esta sinergia beneficia al modelo con orientación experta y aprendizaje experiencial, lo que resulta en estrategias de control más adaptables y robustas.

El aprendizaje por refuerzo también se puede integrar con técnicas de aprendizaje no supervisado para crear modelos híbridos con capacidades mejoradas de exploración. El desafío inherente del aprendizaje por refuerzo, como el equilibrio entre exploración y explotación, se puede mitigar aprovechando el aprendizaje no supervisado para descubrir estructuras significativas en el entorno. Por ejemplo, un agente que explora un terreno desconocido puede utilizar algoritmos de agrupación no supervisada para identificar regiones de interés, guiar sus esfuerzos de exploración y facilitar un aprendizaje más eficiente de políticas óptimas.

Los modelos híbridos no se limitan a la integración de paradigmas tradicionales de aprendizaje automático. Otra estrategia prevalente de hibridación es la incorporación de conocimientos específicos del dominio o sistemas expertos en modelos de aprendizaje automático. Esto es particularmente relevante en dominios donde las percepciones o reglas de expertos pueden mejorar la interpretabilidad y el rendimiento del modelo. Por ejemplo, un modelo híbrido podría integrar pautas clínicas o conocimientos médicos en un algoritmo de aprendizaje automático, equilibrando las predicciones basadas en datos y la experiencia.

Las arquitecturas de aprendizaje profundo, con su capacidad para aprender automáticamente representaciones jerárquicas, se incorporan a menudo en modelos híbridos para aprovechar sus capacidades de extracción de características. El objetivo de los modelos híbridos, que fusionan el aprendizaje profundo con métodos convencionales de aprendizaje automático, es aprovechar la interpretabilidad y la experiencia en el dominio que acompañan a las técnicas clásicas de aprendizaje automático, al tiempo que utilizan las capacidades de las redes neuronales profundas para extraer patrones complejos de datos no procesados. Ejemplos de esta fusión incluyen el análisis de imágenes médicas, que combina redes de aprendizaje profundo con técnicas convencionales de ingeniería de características para mejorar la precisión diagnóstica.

El aprendizaje por conjunto es relevante en la hibridación, aunque no sea exactamente un modelo híbrido. Se combinan múltiples modelos base utilizando métodos de conjunto para producir un modelo de predicción más confiable y preciso. Métodos como bagging, boosting y stacking se incluyen en la categoría de aprendizaje en grupo. Estas técnicas combinan frecuentemente diversos modelos, cada uno de los cuales fue entrenado utilizando un algoritmo diferente o en una muestra diversa de los datos. Combinar otros modelos mejora la generalización global y reduce el impacto de defectos particulares.

Los modelos híbridos también desempeñan un papel crucial en abordar desafíos relacionados con la interpretabilidad y explicabilidad en el aprendizaje automático. Al combinar modelos interpretables con modelos más complejos y opacos, los enfoques híbridos buscan equilibrar la precisión y la capacidad de comprender y confiar en el proceso de toma de decisiones del modelo. Esto es especialmente importante en aplicaciones como las finanzas, donde los modelos transparentes son esenciales para el cumplimiento normativo y la confianza de las partes interesadas.

A pesar de sus beneficios, los modelos híbridos no están exentos de desafíos. Integrar diferentes componentes requiere una cuidadosa consideración de la compatibilidad, el flujo de datos y la posible introducción de sesgos. Además, los modelos híbridos a menudo implican un mayor nivel de complejidad en términos de arquitectura del modelo, procedimientos de entrenamiento y ajuste de hiperparámetros. Encontrar el equilibrio correcto entre los diversos elementos en un modelo híbrido es crucial para garantizar la sinergia en lugar de conflictos.

En conclusión, los modelos híbridos en aprendizaje automático representan un enfoque holístico e integrador para resolver problemas complejos al combinar las fortalezas de varios paradigmas de aprendizaje. Ya sea fusionando aprendizaje supervisado y no supervisado para una mejor representación de características, combinando aprendizaje por refuerzo con conocimientos específicos del dominio para la toma de decisiones adaptativa o utilizando métodos de conjunto para mejorar la precisión predictiva, los modelos híbridos ofrecen un conjunto versátil de herramientas para abordar los desafíos multifacéticos de aplicaciones del mundo real. A medida que avanza el aprendizaje automático, la exploración y el perfeccionamiento de los modelos híbridos se presentan como un camino prometedor, proporcionando un marco flexible y adaptativo para abordar tareas diversas y en evolución en diversos campos.

Ejemplos del mundo real para cada tipo

Ejemplos del mundo real en varios tipos de aprendizaje automático demuestran la aplicabilidad práctica y el impacto transformador de estas técnicas en múltiples ámbitos. En el aprendizaje supervisado, un ejemplo notable es la clasificación de imágenes, donde plataformas como Google Fotos utilizan algoritmos de aprendizaje supervisado para categorizar y etiquetar fotos según las etiquetas proporcionadas por el usuario. El algoritmo aprende a partir de extensos conjuntos de datos de imágenes etiquetadas, lo que le permite identificar con precisión objetos, personas y escenas en fotos nuevas y no etiquetadas. Esta funcionalidad mejora la experiencia del usuario al simplificar la organización y búsqueda de fotos.

El aprendizaje no supervisado encuentra aplicación en la segmentación de clientes dentro del ámbito del marketing. Las empresas minoristas a menudo utilizan algoritmos de agrupación para clasificar a los clientes según características compartidas como comportamiento de compra, demografía y preferencias. Las empresas pueden adaptar estrategias de marketing, promociones y recomendaciones de productos a grupos específicos identificando segmentos distintos de clientes y optimizando la participación y satisfacción del cliente. Amazon, por ejemplo, utiliza el aprendizaje no supervisado para mejorar su sistema de recomendación de productos, ofreciendo sugerencias personalizadas basadas en el historial de navegación y compra del usuario.

Las aplicaciones del mundo real donde el aprendizaje por refuerzo sobresale son aquellas que implican la toma de decisiones secuenciales. En el campo de la robótica, los robots pueden aprender tareas complejas interactuando con su entorno mediante la aplicación del aprendizaje por refuerzo. Un ejemplo es el entrenamiento de brazos robóticos para trabajos en líneas de ensamblaje. Estos brazos pueden aprender los mejores movimientos y métodos al recibir recompensas o penalizaciones por sus acciones, lo que les permite adaptarse y mejorar con el tiempo. Esta aplicación aumenta su adaptabilidad a las cambiantes necesidades al optimizar los procedimientos de fabricación.

Los modelos híbridos son cada vez más comunes en aplicaciones que requieren datos estructurados e información no estructurada. En el sector de la salud, se utiliza un modelo híbrido que integra el aprendizaje supervisado con el conocimiento experto para el diagnóstico de enfermedades. Por ejemplo, el modelo combina datos de pacientes, como historial médico, resultados de pruebas e información demográfica, en el diagnóstico de enfermedades cardíacas con reglas específicas del dominio y la experiencia de cardiólogos. Este enfoque híbrido mejora la precisión del diagnóstico al aprovechar las percepciones basadas en datos y el conocimiento clínico.

El aprendizaje por conjunto, aunque no es un tipo distintivo de aprendizaje automático, es un concepto potente utilizado con frecuencia en diversas aplicaciones. Una aplicación del mundo real ejemplar se encuentra en la detección de fraudes financieros. Se emplean conjuntos de modelos de aprendizaje automático que combinan árboles de decisión, máquinas de vectores de soporte y redes neuronales para analizar transacciones e identificar actividades potencialmente fraudulentas. Al agregar predicciones de diversos modelos, el conjunto mejora la robustez de los sistemas de detección de fraudes, reduciendo los falsos positivos y mejorando la precisión para identificar transacciones sospechosas.

En el procesamiento del lenguaje natural (PLN), se aplica el aprendizaje supervisado al análisis de sentimientos. Plataformas de redes sociales como Twitter utilizan algoritmos de aprendizaje supervisado para determinar el sentimiento expresado en los tweets. Estos algoritmos pueden discernir el sentimiento en nuevos tweets al entrenarse en conjuntos de datos etiquetados donde los tweets se anotan como positivos, negativos o neutrales. Esta aplicación tiene amplias implicaciones para las empresas y los responsables políticos para evaluar la opinión pública y ahorrar tiempo.

El aprendizaje no supervisado desempeña un papel crucial en la detección de anomalías en ciberseguridad. Las organizaciones implementan algoritmos de agrupación y basados en densidad para identificar patrones o comportamientos inusuales en el tráfico de red que pueden indicar una amenaza cibernética. Al aprender patrones convencionales a partir de datos pasados sin etiquetas explícitas, estos modelos pueden identificar desviaciones con alta eficiencia y generar alertas para investigaciones adicionales. La monitorización en tiempo real es crucial para proteger las redes contra ciberataques y garantizar la integridad de los sistemas digitales.

El aprendizaje por refuerzo tiene aplicaciones en sistemas de recomendación, como se demuestra en plataformas como Netflix. Los algoritmos de aprendizaje por refuerzo analizan las preferencias y hábitos de visualización del usuario, ajustando dinámicamente las recomendaciones en función de las interacciones del usuario. Estos sistemas optimizan las sugerencias de contenido al depender continuamente de la retroalimentación del usuario, mejorando la satisfacción y participación del usuario.

La adaptabilidad del aprendizaje por refuerzo lo convierte en una herramienta poderosa para ofrecer experiencias personalizadas en servicios de transmisión de contenido.

Los modelos híbridos se utilizan cada vez más en la navegación de vehículos autónomos. Al combinar técnicas de visión por computadora (aprendizaje supervisado) con el aprendizaje por refuerzo, los vehículos autónomos aprenden a interpretar y responder a escenarios de tráfico complejos. Los modelos utilizan conjuntos de datos etiquetados para la detección y reconocimiento de objetos, mientras que el aprendizaje por refuerzo guía la toma de decisiones en entornos dinámicos. Este enfoque híbrido permite que los vehículos naveguen por condiciones de tráfico del mundo real, adaptándose a diversas situaciones y garantizando la seguridad.

El aprendizaje en conjunto se aplica en el campo de la salud para la modelización predictiva de enfermedades. Por ejemplo, predecir el inicio de la diabetes implica integrar predicciones de diversos modelos, como regresión logística, árboles de decisión y máquinas de vectores de soporte. Combinando la fuerza de diferentes algoritmos, los modelos de conjunto mejoran la precisión y confiabilidad de la predicción de enfermedades, permitiendo intervenciones tempranas y estrategias de atención médica personalizadas.

En conclusión, los ejemplos del mundo real en diferentes tipos de aprendizaje automático subrayan la versatilidad e impacto de estas técnicas al abordar desafíos complejos en diversos campos. El aprendizaje automático es fundamental para transformar industrias y mejorar procesos de toma de decisiones, desde la clasificación de imágenes y la segmentación de clientes hasta la detección de fraudes, el análisis de sentimientos y la navegación autónoma. A medida que avanza la tecnología, la integración y evolución de estos tipos de aprendizaje automático en aplicaciones prácticas están destinadas a remodelar la forma en que interactuamos con la información, tomamos decisiones y abordamos problemas complejos en el mundo real.

CAPÍTULO III

Matemáticas Esenciales para el Aprendizaje Automático

Conceptos Básicos de Álgebra Lineal

El álgebra lineal constituye la columna vertebral del aprendizaje automático (ML), proporcionando un marco matemático para representar y manipular datos, características y modelos. Comprender los fundamentos del álgebra lineal es crucial para cualquiera que se adentre en el campo del ML, ya que sustenta conceptos y operaciones vitales fundamentales para diseñar e implementar algoritmos de aprendizaje automático.

En el corazón del álgebra lineal en ML se encuentran los vectores, que sirven como un bloque de construcción fundamental para representar datos. En ML, los puntos de datos a menudo se expresan como vectores, donde cada elemento corresponde a una característica o atributo específico. Por ejemplo, en datos sobre precios de viviendas, un vector podría representar una casa con elementos como pies cuadrados, número de habitaciones y ubicación. Esta representación vectorizada permite un almacenamiento eficiente de datos, manipulación y análisis.

Las matrices, que constan de filas y columnas de números, desempeñan un papel central en ML. En el contexto del ML, las matrices representan conjuntos de datos donde cada fila corresponde a un punto de datos, y cada columna representa una característica diferente. Esta estructura tabular es fundamental en tareas de ML como el aprendizaje supervisado, donde los modelos aprenden patrones a partir de ejemplos etiquetados.

Las matrices también son cruciales para representar transformaciones lineales y ecuaciones de sistemas, convirtiéndolas en herramientas versátiles en aplicaciones de ML.

Transformaciones lineales, descritas por matrices, son esenciales para codificar relaciones entre diferentes características o transformar datos en una nueva representación. En el aprendizaje automático (ML), las transformaciones lineales se emplean de diversas maneras, como en la escala y normalización de características, donde los valores de las características se transforman a una escala estándar, asegurando que ninguna característica individual domine el proceso de aprendizaje. Además, las transformaciones lineales se utilizan en técnicas de reducción de dimensionalidad como el Análisis de Componentes Principales (PCA), que captura las características más esenciales proyectando datos en un espacio de menor dimensionalidad.

Los valores propios y los vectores propios, conceptos del álgebra lineal, desempeñan un papel vital en algoritmos de ML, especialmente en el análisis de matrices de covarianza y en la optimización de algoritmos específicos. Los vectores propios representan las direcciones a lo largo de las cuales una transformación lineal simplemente estira o comprime los datos, mientras que los valores propios cuantifican la cantidad de estiramiento o compresión a lo largo de esas direcciones. En aplicaciones como el reconocimiento facial, se emplean vectores propios para identificar las características más relevantes, simplificando la representación de imágenes faciales y ayudando en el reconocimiento de patrones.

Sistemas de ecuaciones lineales, un tema estándar en álgebra lineal, encuentran aplicación en ML para resolver problemas de optimización. Muchos algoritmos de ML implican encontrar los parámetros óptimos que minimizan una función de costo o error. Estos problemas de optimización se pueden enmarcar como sistemas de ecuaciones lineales, donde los coeficientes representan las relaciones entre los parámetros y los términos de error. Resolver estos sistemas permite a los modelos de ML ajustar sus parámetros de manera iterativa, afinándolos hacia los valores óptimos que minimizan los errores de predicción.

Determinantes, otro concepto fundamental en álgebra lineal, se aplican en ML para entender la invertibilidad de las matrices. En ML, las matrices invertibles son cruciales para resolver sistemas de ecuaciones lineales y calcular inversas de matrices. Los determinantes son particularmente relevantes en tareas que involucran selección de características y regularización de modelos, donde la invertibilidad de las matrices influye en la estabilidad y eficacia de los algoritmos.

La ortogonalidad, un concepto arraigado en álgebra lineal, juega un papel crucial en algoritmos de ML, especialmente en el contexto de independencia lineal y análisis de regresión. En el análisis de regresión, se emplean vectores ortogonales para representar características independientes, asegurando que la presencia de una característica no introduzca problemas de multicolinealidad. Técnicas de ortogonalización, como la ortogonalización de Gram-Schmidt, se aplican para crear bases ortonormales que simulan cálculos y mejoran la estabilidad numérica.

La Descomposición de Valores Singulares (SVD), una técnica poderosa en álgebra lineal, encuentra un uso extenso en ML para tareas como la reducción de dimensionalidad y la factorización de matrices. SVD descompone una matriz en tres matrices constituyentes, revelando su estructura subyacente y facilitando diversas aplicaciones. En el filtrado colaborativo, una técnica utilizada en sistemas de recomendación, se emplea SVD para factorizar las métricas de interacción usuario-ítem, descubriendo factores latentes que presentan preferencias de usuario y características del ítem.

Álgebra lineal está profundamente entrelazada con las redes neuronales, un pilar moderno del aprendizaje automático (ML) e inteligencia artificial (IA). Las redes neuronales consisten en nodos interconectados organizados en capas, cada una con matrices de pesos asociadas que determinan la fuerza de las conexiones entre los nodos. Las operaciones de álgebra lineal, especialmente la multiplicación de matrices, están en el núcleo de los cálculos de las redes neuronales, permitiendo la propagación de entradas a través de la red, el cálculo de activaciones y el ajuste de pesos durante el proceso de entrenamiento.

Entender el álgebra lineal es esencial para comprender los mecanismos de retropropagación, un algoritmo fundamental para entrenar redes neuronales. La retropropagación implica el cálculo de gradientes a través de la red utilizando la regla de la cadena del cálculo. Este cálculo de gradientes depende en gran medida de derivadas de matrices y la aplicación eficiente de operaciones de álgebra lineal, lo que hace que una comprensión sólida de estos conceptos sea crucial para implementar y optimizar el entrenamiento de redes neuronales.

En conclusión, el álgebra lineal es la base del aprendizaje automático, proporcionando los fundamentos matemáticos para representar, transformar y analizar datos. Desde vectores y matrices hasta valores propios, determinantes y descomposición de valores singulares, los conceptos de álgebra lineal son omnipresentes en las aplicaciones de ML. Una comprensión profunda de los principios algebraicos lineales es indispensable para los profesionales en el campo, capacitándolos para diseñar e implementar algoritmos prácticos, desentrañar las complejidades del comportamiento del modelo y contribuir al continuo avance de las técnicas de aprendizaje automático.

Cálculo para Aprendizaje Automático

El cálculo es un componente crítico en la teoría y práctica del aprendizaje automático, con raíces en el estudio del cambio y las tasas de acumulación. Comprender el cálculo es esencial para entender los fundamentos del entrenamiento de modelos, los algoritmos de optimización y las matemáticas subyacentes en diferentes enfoques de aprendizaje automático.

En el aprendizaje automático, el cálculo diferencial, que se centra en las tasas de cambio y derivadas, es especialmente importante para la optimización del modelo y la actualización de parámetros durante el entrenamiento. La tasa a la que la derivada muestra cómo cambia una función en cualquier posición dada. Esta idea se aplica en el aprendizaje automático para optimizar modelos al cambiar sus parámetros para minimizar una función de pérdida o costo. El gradiente de la función de costo con respecto a los parámetros del modelo dicta la dirección y el tamaño de las actualizaciones de parámetros al emplear enfoques iterativos de optimización como el descenso de gradiente.

El descenso de gradiente, un algoritmo fundamental de optimización en el aprendizaje automático, depende en gran medida del cálculo diferencial. El algoritmo busca encontrar la función de costo mínima moviéndose iterativamente en la dirección opuesta al gradiente. La velocidad de este movimiento está determinada por la tasa de aprendizaje, un hiperparámetro que influye en el tamaño del paso en el espacio de parámetros. Calcular y entender el gradiente, o la derivada, es esencial para actualizar eficazmente los parámetros del modelo y converger hacia una solución óptima.

Cálculo integral, que se ocupa de la acumulación y el cálculo de áreas bajo curvas, también es relevante para el aprendizaje automático. En el aprendizaje automático, las integrales se utilizan comúnmente en tareas relacionadas con la teoría de probabilidad y la inferencia estadística. Por ejemplo, calcular probabilidades y expectativas implica la integración de funciones de densidad de probabilidad. En estadísticas bayesianas, la integración sobre todos los posibles valores de parámetros es una operación fundamental al calcular márgenes de verosimilitud. Las integrales son cruciales para expresar distribuciones de probabilidad complejas y formular métodos de inferencia de aprendizaje automático.

El cálculo está profundamente entrelazado con el álgebra lineal en el aprendizaje automático, formando una simbiosis poderosa. El concepto de la matriz jacobiana, que contiene todas las derivadas parciales de una función vectorial con respecto a su vector de entrada, es fundamental en el análisis de funciones multivariadas. En el aprendizaje automático, la matriz Jacobiana se utiliza en diversos contextos, incluido el análisis de sensibilidad, donde mide cómo los pequeños cambios en las características de entrada afectan la salida de un modelo. La regla de la cadena, un concepto fundamental del cálculo, se aplica al calcular los gradientes de funciones compuestas, un escenario común en modelos de aprendizaje automático con múltiples capas.

El cálculo es vital para entender y desarrollar redes neuronales, un componente central del aprendizaje automático moderno. Las funciones de activación dentro de los nodos de la red neuronal involucran cálculo, ya que la derivada de estas funciones es crucial para la retropropagación, el algoritmo utilizado para entrenar redes neuronales. La regla de la cadena se utiliza extensamente durante la retropropagación para calcular gradientes con respecto a los pesos, permitiendo que la red ajuste sus parámetros de manera iterativa y mejore su rendimiento.

En optimización, las derivadas de segundo orden, capturadas por la matriz Hessiana, se vuelven significativas. La matriz Hessiana proporciona información sobre la curvatura de la función de costo y ayuda a que algoritmos como los métodos de Newton y cuasi-Newton converjan más rápido. Sin embargo, calcular la Hessiana implica derivadas parciales de segundo orden, introduciendo complejidad adicional y costo computacional.

El cálculo encuentra aplicación en el desarrollo y comprensión de las máquinas de vectores de soporte (SVM), una clase de modelos poderosos de aprendizaje automático. El problema de optimización en las SVM implica encontrar un hiperplano que separe de manera óptima las diferentes clases de puntos de datos. La dualidad de Lagrange, un concepto del cálculo, se emplea para transformar el problema de optimización restringido de las SVM en uno no restringido, simplificando el proceso de solución. Utilizar derivadas y gradientes para optimizar asegura que las SVM converjan a una solución óptima.

El cálculo es esencial para desarrollar funciones de verosimilitud y estimar parámetros en modelado estadístico. La Estimación de Máxima Verosimilitud (MLE), un método estadístico estándar, incluye determinar los valores de los parámetros que optimizan la función de verosimilitud. Se utiliza el cálculo para derivar la función de verosimilitud, estableciendo las derivadas en cero para encontrar puntos críticos y asegurando que estos puntos correspondan a las estimaciones de máxima verosimilitud.

Además, el cálculo es fundamental para entender las técnicas de regularización en el aprendizaje automático, como la regularización L1 y L2. Estas técnicas añaden términos de penalización a la función de pérdida, influyendo en el proceso de aprendizaje para favorecer modelos más simples. La derivada del término de regularización con respecto a los parámetros del modelo es esencial en el proceso de optimización, guiando el equilibrio entre ajustar los datos de entrenamiento y mantener pequeños los parámetros del modelo.

En resumen, el cálculo sirve como piedra angular en la teoría y práctica del aprendizaje automático, permitiendo el desarrollo de algoritmos de optimización, comprendiendo el comportamiento del modelo y formulando conceptos críticos en inferencia estadística. Los conceptos de derivadas, integrales, gradientes y reglas de la cadena son omnipresentes en las matemáticas del aprendizaje automático, facilitando el entrenamiento y la optimización de modelos y proporcionando una comprensión profunda de los principios subyacentes. A medida que el aprendizaje automático continúa evolucionando, una sólida base en cálculo sigue siendo indispensable para investigadores, profesionales y estudiantes.

Probabilidad y Estadísticas

La probabilidad y las estadísticas constituyen la base del aprendizaje automático (ML), proporcionando el marco matemático para modelar la incertidumbre, tomar decisiones informadas y obtener conocimientos significativos a partir de datos. En el contexto del ML, la probabilidad y las estadísticas están entrelazadas, con la teoría de la probabilidad sentando las bases para la inferencia estadística y el aprendizaje automático, que también depende en gran medida de conceptos estadísticos para el entrenamiento y la evaluación.

La teoría de la probabilidad, una rama de las matemáticas que trata con la incertidumbre y la aleatoriedad, es crucial para enmarcar e interpretar problemas en el aprendizaje automático. La probabilidad se emplea para modelar la incertidumbre en los datos, cuantificar probabilidades y proporcionar un marco formal para el razonamiento bajo incertidumbre. En el aprendizaje automático, las distribuciones de probabilidad representan las incertidumbres asociadas con variables aleatorias. Por ejemplo, la distribución normal se utiliza con frecuencia para modelar el ruido o los errores en los datos, permitiendo que los modelos de ML tengan en cuenta la variabilidad y realicen predicciones probabilísticas.

La estadística bayesiana, fundamentada en la teoría de la probabilidad, es un marco robusto que ha ganado prominencia en el aprendizaje automático. Los métodos bayesianos permiten modelar la incertidumbre no solo en los datos sino también en los parámetros de un modelo. En la inferencia bayesiana, las distribuciones de probabilidad se actualizan según nuevos datos, permitiendo un enfoque fundamentado para incorporar conocimiento previo y adaptar modelos a medida que se dispone de más información. Los métodos bayesianos son valiosos en escenarios con datos limitados, ya que ofrecen una manera coherente de expresar y actualizar creencias sobre los parámetros del modelo.

Conceptos estadísticos como verosimilitud, estimación y prueba de hipótesis son fundamentales para dar sentido a los datos en el aprendizaje automático. La verosimilitud, en el contexto de modelos estadísticos, cuantifica la probabilidad de observar datos dados un conjunto específico de parámetros del modelo. La Estimación de Máxima Verosimilitud (MLE) es un enfoque común en el ML para encontrar los valores de los parámetros que maximizan la verosimilitud, proporcionando una estimación puntual de los parámetros del modelo. La prueba de hipótesis, por otro lado, se utiliza para hacer inferencias sobre la población basándose en una muestra de datos. En el aprendizaje automático, la prueba de hipótesis se puede aplicar para evaluar la significancia de efectos observados, como la diferencia entre dos grupos en un estudio.

El análisis de regresión, una técnica estadística prevalente, se utiliza extensamente en el aprendizaje automático para modelar relaciones entre variables. La regresión lineal, por ejemplo, describe la relación lineal entre características de entrada y una variable objetivo. En el aprendizaje automático, los modelos de regresión se aplican para tareas como predecir precios de casas basados en características como el tamaño y la ubicación o pronosticar precios de acciones basándose en datos históricos. Los coeficientes obtenidos del análisis de regresión proporcionan información sobre la fuerza y dirección de las relaciones entre variables.

El concepto de varianza, una medida de la dispersión de un conjunto de valores, es crítico para evaluar la estabilidad y el rendimiento de generalización de los modelos de aprendizaje automático. Una alta varianza indica que un modelo es sensible a las variaciones en los datos de entrenamiento, pudiendo sobreajustar y tener un rendimiento deficiente en nuevos datos no vistos. Influenciadas por principios estadísticos, las técnicas de regularización mitigan la varianza, evitando que los modelos se vuelvan excesivamente complejos y mejorando su capacidad de generalización.

Los conceptos estadísticos son fundamentales para evaluar el rendimiento del modelo en tareas de clasificación, donde el objetivo es asignar elementos a categorías predefinidas. Matrices de confusión, precisión, sensibilidad (recall) y la puntuación F1 son métricas estándar derivadas de principios estadísticos que cuantifican la precisión y efectividad de los modelos de clasificación. Estas métricas proporcionan una comprensión completa de la capacidad de un modelo para clasificar instancias correctamente, identificar falsos positivos y negativos, y equilibrar los trade-offs entre los aspectos de rendimiento.

La teoría de decisiones bayesianas, una amalgama de teorías de probabilidad y decisiones, ofrece un marco moral para la toma de decisiones bajo incertidumbre. En el aprendizaje automático, la teoría de decisiones bayesianas se emplea para tomar decisiones basadas en predicciones probabilísticas. Los límites de decisión se determinan al considerar los costos asociados con diferentes tipos de errores. Este enfoque se utiliza precisamente en aplicaciones donde los falsos positivos y las consecuencias negativas difieren significativamente, como en diagnósticos médicos.

En el aprendizaje no supervisado, donde se enfatiza en descubrir patrones y estructuras en datos sin ejemplos etiquetados, entran en juego técnicas estadísticas como la agrupación y la reducción de dimensionalidad. Los algoritmos de agrupación agrupan puntos de datos similares, descubriendo divisiones naturales dentro de los datos. Técnicas de reducción de dimensionalidad, como el Análisis de Componentes Principales (PCA) y el Empotramiento Estocástico de Vecinos t-distribuidos (t-SNE), aprovechan métodos estadísticos para transformar datos de alta dimensionalidad en un espacio de menor dimensión, capturando características esenciales y facilitando la visualización.

En la era de los grandes datos, los métodos estadísticos son cruciales para obtener conocimientos significativos y tomar decisiones informadas. Las estadísticas descriptivas resumen y caracterizan conjuntos de datos grandes, incluyendo medidas de tendencia central, dispersión y sesgo. Las estadísticas inferenciales, como las pruebas de hipótesis y los intervalos de confianza, proporcionan herramientas para realizar inferencias sobre parámetros de población basadas en muestras. Estas técnicas estadísticas son fundamentales para manejar e interpretar vastos datos en aplicaciones de aprendizaje automático.

La teoría estadística del aprendizaje, un campo en la intersección de estadísticas y aprendizaje automático, se centra en comprender los principios detrás del rendimiento de los algoritmos de aprendizaje automático. Ofrece límites teóricos sobre el rendimiento de generalización de modelos, proporcionando perspectivas sobre la relación entre la complejidad de un modelo y su capacidad para generalizar a datos nuevos y no vistos. Conceptos como el intercambio sesgo-varianza, el sobreajuste y la capacidad del modelo son centrales en la teoría estadística del aprendizaje, guiando a los profesionales en la selección de modelos apropiados y la optimización de su rendimiento.

La aplicación de estadísticas en el aprendizaje automático no se limita a métodos tradicionales; se extiende a modelos gráficos probabilísticos y redes bayesianas. Estos modelos utilizan estructuras visuales para representar relaciones complejas entre variables, donde los nodos representan variables aleatorias y los bordes capturan dependencias probabilísticas. Los modelos gráficos probabilísticos son valiosos en aplicaciones como el diagnóstico médico, donde la incertidumbre y las interdependencias entre variables deben modelarse explícitamente.

En conclusión, la probabilidad y las estadísticas son fundamentales para todo el ciclo de vida del aprendizaje automático, desde enmarcar problemas, modelar incertidumbre y tomar decisiones hasta evaluar el rendimiento del modelo y obtener conocimientos significativos de los datos. La integración fluida de principios estadísticos mejora la robustez, interpretabilidad y capacidades de generalización de los modelos de aprendizaje automático. A medida que el campo continúa evolucionando, una sólida base en probabilidad y estadísticas sigue siendo indispensable para investigadores, profesionales y educadores en el aprendizaje automático y disciplinas relacionadas.

CAPÍTULO IV

Conceptos Clave en Aprendizaje Automático

Características y Etiquetas

En el aprendizaje automático (ML), entender los conceptos de características y etiquetas es fundamental para el diseño, desarrollo y evaluación de modelos. Las características, también conocidas como variables de entrada o variables independientes, representan las características o atributos de los datos que sirven como base para predicciones o clasificaciones. Por otro lado, las etiquetas, también conocidas como la variable objetivo o variable dependiente, son los resultados o predicciones que el modelo de ML busca generar en función de las características de entrada.

Seleccionar características relevantes e informativas es crucial para construir modelos de ML efectivos. Las características pueden tomar diversas formas, desde valores numéricos hasta variables categóricas e incluso estructuras más complejas como imágenes o texto. La ingeniería de características implica identificar, extraer y transformar datos crudos en características significativas, contribuyendo a la capacidad del modelo para realizar predicciones precisas. La calidad y relevancia de las características impactan profundamente en el rendimiento de los modelos de ML, influyendo en su interpretabilidad, generalización y capacidad para capturar patrones subyacentes en los datos.

En el aprendizaje supervisado, donde el modelo se entrena con ejemplos etiquetados, las características y las etiquetas son fundamentales para el proceso de entrenamiento. El modelo aprende las relaciones entre las características de entrada y las etiquetas correspondientes, capturando patrones que le permiten realizar predicciones sobre datos nuevos y no vistos. Por ejemplo, en una tarea de modelado predictivo como predecir los precios de las casas, las características podrían incluir variables como el tamaño en pies cuadrados, el número de habitaciones y la ubicación, mientras que la etiqueta sería el precio de venta real. Durante el entrenamiento, el modelo aprende a mapear las características de entrada a las etiquetas correctas, ajustando sus parámetros para minimizar la diferencia entre los valores predichos y los valores reales.

La distinción entre características y etiquetas se vuelve especialmente significativa en tareas de clasificación. En la clasificación, el modelo tiene como objetivo asignar instancias de entrada a categorías o clases predefinidas. Las características proporcionan la información necesaria para que el modelo realice estas asignaciones, y las etiquetas representan la verdad fundamental o asignaciones de clases correctas para los datos de entrenamiento. Por ejemplo, en un sistema de detección de spam, las características incluyen las palabras en un correo electrónico, y la etiqueta indica si el correo electrónico es spam. El modelo aprende a discernir patrones en las características que se correlacionan con las clasificaciones correctas, permitiéndole clasificar nuevos correos electrónicos con precisión.

En tareas de regresión, el objetivo es predecir valores continuos, y características y etiquetas son cruciales para capturar las relaciones entre las variables de entrada y el resultado objetivo. Las características pueden abarcar varios tipos de información, como atributos numéricos, variables relacionadas con el tiempo o indicadores categóricos. La etiqueta en regresión representa la cantidad que el modelo busca predecir. En la predicción financiera, las características incluyen precios históricos de acciones, indicadores económicos y sentimiento del mercado, mientras que la etiqueta es el precio futuro de la acción. El modelo aprende una función de regresión que asigna las características a los valores continuos de la etiqueta, permitiéndole hacer predicciones sobre nuevos datos.

El proceso de selección de características implica identificar las características más relevantes para una tarea dada, descartar las irrelevantes o redundantes y optimizar el rendimiento del modelo. Los métodos de selección de características se pueden clasificar en métodos de filtro, envoltura e incrustados. Los métodos de filtro evalúan la relevancia de las características de manera independiente del modelo, utilizando técnicas estadísticas o medidas de correlación para clasificar las características. Los métodos de envoltura evalúan subconjuntos de características en función del rendimiento del modelo, utilizando algoritmos de búsqueda como la selección hacia adelante o la eliminación hacia atrás. Los métodos incrustados incorporan la selección de características como parte del proceso de entrenamiento del modelo, con técnicas de regularización que penalizan la inclusión de características innecesarias.

La importancia de las características, un concepto estrechamente relacionado con la selección de características, proporciona información sobre la contribución de cada característica a las predicciones del modelo. Los modelos de ML, como los árboles de decisión y los métodos de conjunto, ofrecen inherentemente información sobre la importancia de las características durante el entrenamiento. Por ejemplo, los árboles de decisión calculan la ganancia de información o el índice Gini en cada división, resaltando las características que más contribuyen a reducir la incertidumbre o impureza. La importancia de las características es valiosa para la interpretabilidad del modelo, la mejora de las estrategias de selección de características y el aumento del rendimiento general del modelo.

En el aprendizaje profundo, donde las redes neuronales procesan datos complejos y de alta dimensionalidad, el concepto de características adquiere una dimensión diferente. Los modelos de aprendizaje profundo aprenden automáticamente representaciones jerárquicas de características, abstrayendo patrones a partir de datos crudos a través de múltiples capas. Por ejemplo, las Redes Neuronales Convolucionales (CNN) extraen automáticamente características de las imágenes, capturando estructuras jerárquicas como bordes, texturas y partes de objetos. En el Procesamiento del Lenguaje Natural (NLP), los modelos recurrentes y basados en transformadores aprenden características a partir de datos secuenciales, representando relaciones semánticas e información contextual.

Las etiquetas, como la variable objetivo en el aprendizaje supervisado, son fundamentales para la evaluación del modelo y la valoración del rendimiento. En tareas de clasificación, métricas como la precisión, la precisión, la sensibilidad (recall) y la puntuación F1 dependen de la asignación correcta de etiquetas a instancias. La precisión mide la corrección general de las predicciones, la precisión se centra en la precisión de las predicciones optimistas, la sensibilidad evalúa la capacidad para capturar todas las instancias positivas y la puntuación F1 equilibra la precisión y la sensibilidad. En tareas de regresión, métricas de evaluación como el Error Cuadrático Medio (MSE) o el Error Absoluto Medio (MAE) comparan los valores continuos predichos con las etiquetas reales, cuantificando la precisión predictiva del modelo.

El concepto de sobreajuste, un desafío común en el aprendizaje automático, destaca la importancia de seleccionar cuidadosamente características y etiquetas. El sobreajuste ocurre cuando un modelo aprende no solo los patrones subyacentes en los datos de entrenamiento, sino también el ruido o la aleatoriedad presente en ese conjunto de datos específico. Esto puede llevar a una mala generalización a nuevos datos no vistos. Las técnicas de regularización, que penalizan modelos complejos o limitan el número de características, ayudan a mitigar el sobreajuste al incentivar al modelo a centrarse en las características más informativas y evitar que se ajuste al ruido en los datos.

En el aprendizaje no supervisado, que se centra en descubrir patrones y estructuras en los datos sin ejemplos etiquetados, las características desempeñan un papel central en la agrupación y reducción de dimensionalidad. Los algoritmos de agrupación agrupan instancias en función de similitudes en sus representaciones de características, revelando divisiones naturales dentro de los datos. Técnicas de reducción de dimensionalidad, como el Análisis de Componentes Principales (PCA), transforman espacios de características de alta dimensión en representaciones de menor dimensión, conservando información esencial y simplificando el análisis.

La integración del conocimiento del dominio y la experiencia en el tema es crucial en el proceso de ingeniería de características. Los expertos en el dominio pueden contribuir con ideas valiosas sobre qué características son probablemente relevantes, qué transformaciones o agregaciones podrían mejorar el rendimiento del modelo y cómo manejar datos faltantes o ruidosos. La colaboración entre expertos en el dominio y científicos de datos suele ser esencial para identificar características y etiquetas significativas que se alineen con los objetivos de la tarea de ML.

En conclusión, los conceptos de características y etiquetas constituyen la piedra angular del aprendizaje automático, influyendo en el diseño, entrenamiento y evaluación de los modelos. Las características encapsulan la información relevante en los datos, sirviendo como base para predicciones o clasificaciones. Las etiquetas representan la verdad fundamental o los resultados objetivo, guiando el proceso de aprendizaje y proporcionando una base para la evaluación del modelo. La cuidadosa selección, ingeniería y comprensión de características y etiquetas son fundamentales para construir modelos de aprendizaje automático robustos y efectivos que generalicen bien a datos nuevos y no vistos.

Entrenamiento y Datos de Prueba

En el aprendizaje automático (ML), dividir los datos en conjuntos de entrenamiento y prueba es un paso fundamental y crucial en el desarrollo del modelo. Esta división permite a los profesionales evaluar el rendimiento de sus modelos en datos no vistos, proporcionando una medida de qué tan bien el modelo generaliza más allá de los ejemplos en los que fue entrenado. El proceso implica dividir el conjunto de datos en dos subconjuntos: el conjunto de entrenamiento, utilizado para entrenar el modelo, y el conjunto de prueba, reservado para evaluar su rendimiento. Encontrar el equilibrio adecuado al asignar datos a estos conjuntos es esencial para construir modelos precisos en los datos de entrenamiento y efectivos al hacer predicciones sobre nuevas instancias no vistas.

El conjunto de entrenamiento constituye la base sobre la cual se construyen los modelos de aprendizaje automático. Es la porción del conjunto de datos utilizada para enseñar al modelo a reconocer patrones, relaciones y estructuras subyacentes en los datos. Durante la fase de entrenamiento, el modelo ajusta sus parámetros en función de las características y etiquetas presentes en el conjunto de entrenamiento. Este proceso iterativo implica minimizar la diferencia entre los resultados predichos y las etiquetas reales. El objetivo es equipar al modelo para realizar predicciones o clasificaciones precisas cuando se enfrenta a nuevos datos no vistos.

Se debe prestar una cuidadosa consideración a la representatividad y diversidad del conjunto de entrenamiento. Un conjunto de entrenamiento bien construido debe encapsular toda la gama de patrones y variaciones en los datos. La inclusión de ejemplos diversos ayuda al modelo a generalizar mejor a instancias no vistas. Por ejemplo, en un sistema de reconocimiento facial, un conjunto de entrenamiento diverso debería abarcar diversas etnias, edades y condiciones de iluminación para garantizar que el modelo aprenda características sólidas que se apliquen en diferentes escenarios.

El tamaño del conjunto de entrenamiento es otro factor crítico. Si bien tener más datos generalmente beneficia el entrenamiento del modelo, puede observarse un rendimiento decreciente más allá de cierto punto. El compromiso entre la complejidad del modelo y la cantidad de datos de entrenamiento disponible se encapsula en el equilibrio entre sesgo y varianza. Datos de entrenamiento insuficientes pueden llevar a un ajuste insuficiente, donde el modelo no logra capturar patrones complejos. En contraste, un conjunto de entrenamiento extenso puede resultar en un sobreajuste, donde el modelo memoriza los datos de entrenamiento pero necesita generalizar a nuevas instancias. Encontrar el equilibrio adecuado es una tarea matizada que depende de la complejidad del modelo y la variabilidad inherente de los datos.

Una vez que el modelo ha sido entrenado en el conjunto de entrenamiento, su rendimiento debe evaluarse en un conjunto de datos separado, conocido como el conjunto de prueba. El conjunto de prueba es un indicador de escenarios del mundo real, permitiendo a los profesionales evaluar qué tan bien el modelo generaliza a instancias que no ha encontrado durante el entrenamiento. Este paso es crucial para identificar posibles problemas como el sobreajuste, donde el modelo tiene un buen rendimiento en los datos de entrenamiento pero necesita mejorar en nuevos datos, lo que indica una falta de generalización.

El conjunto de prueba debe ser cuidadosamente seleccionado para ser representativo de la población o distribución más amplia de la cual se extraen los datos. Se emplean técnicas de aleatorización y estratificación con frecuencia para asegurar que el conjunto de prueba capture las mismas características que el conjunto de datos en general. La estratificación es significativa en tareas de clasificación para garantizar que cada clase esté adecuadamente representada en los conjuntos de entrenamiento y prueba, evitando sesgos que puedan surgir por desequilibrios.

Además de los conjuntos de entrenamiento y prueba, los profesionales a menudo utilizan un tercer subconjunto, el conjunto de validación. El conjunto de validación desempeña un papel crucial en la sintonización de hiperparámetros, donde se ajustan las configuraciones de la modelización para optimizar el rendimiento. Los hiperparámetros son configuraciones externas que influyen en el proceso de aprendizaje pero no se aprenden de los datos. Al evaluar el rendimiento del modelo en el conjunto de validación, los profesionales pueden ajustar finamente los hiperparámetros para lograr el mejor rendimiento de generalización posible.

La validación cruzada es otra técnica que aprovecha múltiples divisiones de los datos en conjuntos de entrenamiento y prueba. La forma más común es la validación cruzada k-fold, dividiendo el conjunto de datos en k subconjuntos o pliegues. El modelo se entrena k veces, utilizando k-1 pliegues para el entrenamiento y el pliegue restante para la prueba. Este proceso se repite hasta que cada pliegue se haya utilizado como conjunto de prueba. La validación cruzada proporciona una estimación más robusta del rendimiento de un modelo al reducir el impacto de la variabilidad en las divisiones de entrenamiento y prueba.

Las estrategias para dividir los datos en conjuntos de entrenamiento y prueba pueden variar según las características específicas del conjunto de datos. En datos de series temporales, donde el orden de las observaciones es significativo, se emplea a menudo una división cronológica. El conjunto de entrenamiento incluye datos de períodos anteriores, y el conjunto de prueba comprende datos más recientes. Este enfoque se alinea con escenarios del mundo real, donde se espera que los modelos predigan instancias futuras basadas en observaciones pasadas.

En la era de los grandes datos, a menudo se introduce el concepto de un subconjunto adicional conocido como el conjunto de retención o validación. Este conjunto, distinto del conjunto de validación utilizado en la validación cruzada, se reserva hasta las últimas etapas del desarrollo del modelo. Una vez que se considera que el modelo está listo para implementarse, se evalúa en el conjunto de retención para proporcionar una evaluación final de su rendimiento antes de ser introducido en producción. Esta práctica ayuda a asegurar que las capacidades de generalización del modelo estén bien establecidas, reduciendo el riesgo de comportamientos inesperados en nuevos datos.

Dividir los datos en conjuntos de entrenamiento y prueba es una práctica fundamental pero desafiante. Una preocupación común es el riesgo de fuga de datos, donde la información del conjunto de prueba influye inadvertidamente en el proceso de entrenamiento. Para mitigar este riesgo, es crucial separar estrictamente los conjuntos de entrenamiento y prueba y abstenerse de utilizar cualquier información del conjunto de prueba durante el desarrollo del modelo. Además, los profesionales deben tener en cuenta la representatividad del conjunto de prueba y evitar sesgos que puedan surgir de un muestreo incompleto o sesgado.

La evaluación del rendimiento del modelo en el conjunto de prueba implica la aplicación de varios indicadores según la naturaleza de la tarea de aprendizaje automático (ML, por sus siglas en inglés). En tareas de clasificación, se emplean comúnmente métricas como la precisión, la exhaustividad, la recuperación y la puntuación F1. La precisión mide la corrección general de las predicciones, la precisión se centra en la exactitud de las predicciones optimistas, la recuperación evalúa la capacidad de capturar todas las instancias positivas y la puntuación F1 equilibra precisión y recuperación. En tareas de regresión, métricas como el error cuadrático medio (MSE) o el error absoluto medio (MAE) cuantifican la diferencia entre los valores predichos y las etiquetas reales.

Es esencial interpretar las métricas de evaluación en el contexto de los requisitos y objetivos específicos de la aplicación de ML. Por ejemplo, en un escenario de diagnóstico médico, los falsos positivos y negativos pueden tener diferentes consecuencias, lo que lleva a la consideración de métricas que priorizan uno sobre el otro. La elección de métricas de evaluación debe alinearse con los objetivos de la tarea de ML y el impacto potencial de diferentes tipos de errores.

La naturaleza iterativa del proceso de entrenamiento y prueba permite el refinamiento continuo y la mejora del modelo. Si el rendimiento del modelo en el conjunto de prueba no es satisfactorio, los profesionales pueden revisar el proceso de ingeniería de características, explorar diferentes algoritmos o ajustar hiperparámetros. Este bucle de retroalimentación iterativa mejora la precisión, la robustez y las capacidades de generalización del modelo.

En conclusión, dividir los datos en conjuntos de entrenamiento y prueba es un pilar del aprendizaje automático, permitiendo el desarrollo de modelos que se generalizan bien a nuevas instancias no vistas. El conjunto de entrenamiento sirve como base para enseñar al modelo a reconocer patrones, mientras que el conjunto de prueba evalúa críticamente su capacidad de generalización. La cuidadosa consideración de la representatividad, la diversidad y el equilibrio en la asignación de datos a estos conjuntos, junto con el uso de subconjuntos adicionales como conjuntos de validación y conjuntos de retención, asegura un enfoque riguroso y completo para el desarrollo y la evaluación de modelos. A medida que el campo del aprendizaje automático continúa avanzando, la importancia de prácticas reflexivas de división y evaluación de datos sigue siendo primordial para crear modelos robustos y prácticos.

Métricas de Evaluación del Modelo

Las métricas de evaluación del modelo son cruciales para evaluar el rendimiento y la eficacia de los modelos de aprendizaje automático en diversas tareas. Estas métricas proporcionan medidas cuantitativas de qué tan bien un modelo generaliza a datos nuevos e invisibles y se alinea con los objetivos de la aplicación específica de aprendizaje automático. Comprender y seleccionar adecuadamente las métricas de evaluación es esencial para que los profesionales tomen decisiones informadas sobre la implementación, optimización y perfeccionamiento del modelo.

La precisión es una métrica fundamental de evaluación en tareas de clasificación, donde el objetivo es categorizar instancias en clases predefinidas. La precisión representa la proporción de instancias clasificadas correctamente con respecto al total de casos y proporciona una medida directa del rendimiento general del modelo. Aunque la precisión es una métrica valiosa, se necesita más en escenarios con distribuciones desequilibradas de clases. Por ejemplo, un modelo altamente preciso aún puede pasar por alto casos críticos de enfermedades en una aplicación de diagnóstico médico donde una enfermedad es rara. La precisión, la sensibilidad y la puntuación F1 son métricas alternativas que ofrecen una comprensión más matizada del rendimiento de un modelo.

La precisión mide la exactitud de las predicciones optimistas realizadas por el modelo. Es la proporción de predicciones optimistas precisas frente a la suma de verdaderos y falsos positivos. La precisión es especialmente relevante cuando el costo de los falsos positivos es alto, como en la detección de fraudes o en diagnósticos médicos, donde clasificar incorrectamente instancias positivas puede tener consecuencias significativas. Una alta precisión indica que el modelo es preciso cuando predice un resultado positivo.

La sensibilidad, también conocida como tasa de positivos reales, evalúa la capacidad del modelo para capturar todas las instancias positivas. Es la proporción de predicciones optimistas precisas frente a la suma de verdaderos positivos y falsos negativos. La sensibilidad es crucial en escenarios donde es altamente indeseable perder instancias positivas, como en el diagnóstico de enfermedades o la identificación de defectos en la fabricación. Una alta sensibilidad sugiere que el modelo identifica eficazmente la mayoría de las instancias positivas.

La puntuación F1 es una media armónica de la precisión y la sensibilidad, proporcionando una métrica equilibrada que considera falsos positivos y negativos. Es valiosa cuando lograr un equilibrio entre precisión y sensibilidad es esencial. La puntuación F1 varía de 0 a 1, con valores más altos indicando un mejor rendimiento del modelo. En aplicaciones donde los falsos positivos y negativos tienen impactos diferentes, ajustar el equilibrio entre precisión y sensibilidad es posible al alterar el umbral para clasificar instancias.

Las curvas Características de Operación del Receptor (ROC) y el Área Bajo la Curva (AUC) se utilizan comúnmente en tareas de clasificación binaria para visualizar y cuantificar el equilibrio entre las tasas de positivos reales y falsos positivos en varios umbrales. La curva ROC representa la tasa de positivos reales contra la tasa de falsos positivos para diferentes configuraciones de umbral, representando visualmente el poder discriminatorio del modelo. El AUC resume la curva ROC en un valor escalar único, con valores más altos indicando una mejor discriminación de clases. Estas métricas son beneficiosas al evaluar modelos con conjuntos de datos desequilibrados.

En tareas de clasificación multiclase, donde las instancias se clasifican en más de dos clases, se emplean extensiones de métricas de clasificación binaria. Los promedios micro, macro y ponderados de precisión, sensibilidad y puntuación F1 son enfoques estándar para agregar el rendimiento en múltiples clases. Los micro-promedios tratan todas las instancias por igual, mientras que los macro-promedios calculan métricas de forma independiente para cada clase y luego las promedian. Los promedios ponderados tienen en cuenta el desequilibrio de clases asignando pesos basados en la frecuencia de cada clase.

Para tareas de regresión, donde el objetivo es predecir valores continuos, el Error Cuadrático Medio (MSE) y el Error Absoluto Medio (MAE) son métricas de evaluación prevalentes. El MSE mide la diferencia cuadrática promedio entre los valores predichos y reales, dando más peso a errores más significativos. Es sensible a los valores atípicos y penaliza más fuertemente los errores grandes. Por otro lado, el MAE calcula la diferencia absoluta promedio entre los valores predichos y reales, proporcionando una medida más robusta en presencia de valores atípicos. Ambas métricas evalúan la precisión de las predicciones del modelo, con valores más bajos indicando un mejor rendimiento.

El coeficiente de determinación (R^2) es otra métrica utilizada en tareas de regresión para cuantificar la proporción de varianza en la variable objetivo explicada por el modelo. R^2 varía de 0 a 1, con valores más altos indicando un mejor ajuste del modelo a los datos. Mientras que MSE y MAE se centran en la precisión absoluta de las predicciones, R^2 proporciona información sobre qué tan bien el modelo captura la variabilidad en los datos. Sin embargo, se debe interpretar R^2 con precaución, ya que puede no tener en cuenta la idoneidad del modelo o la presencia de sobreajuste.

En la predicción de series temporales, se emplean métricas adicionales como el Error Porcentual Absoluto Medio (MAPE) y el Error Porcentual Cuadrático Medio (RMSPE). MAPE calcula la diferencia porcentual promedio entre los valores predichos y reales, proporcionando una medida relativa de precisión. RMSPE es una variación de MSE que calcula la diferencia porcentual entre los valores predichos y reales antes de elevar al cuadrado. Estas métricas son especialmente relevantes al evaluar el rendimiento de modelos en escenarios de pronóstico, donde los errores relativos son más significativos que los errores absolutos.

El Área Bajo la Curva de Precisión-Recall (AUC-PR) es una métrica adecuada para tareas de clasificación desequilibrada donde las instancias positivas son raras. Evalúa el equilibrio entre precisión y sensibilidad en diferentes configuraciones de umbral y resume la capacidad de un modelo para clasificar correctamente casos positivos. AUC-PR es especialmente útil cuando la precisión y la sensibilidad son más críticas que la precisión general.

Más allá de estas métricas estándar, la elección de criterios de evaluación debe alinearse con los objetivos y restricciones específicos de la aplicación de aprendizaje automático. Por ejemplo, en un escenario de diagnóstico médico, el costo de los falsos negativos (no detectar una enfermedad) podría ser significativamente mayor que el de los falsos positivos (clasificar incorrectamente a una persona sana). En tales casos, ajustar el umbral de decisión para priorizar la sensibilidad sobre la precisión puede ser apropiado.

Si bien las métricas cuantitativas son invaluables para evaluar el rendimiento del modelo, deben complementarse con evaluaciones cualitativas y experiencia en el dominio. Comprender el contexto en el que opera el modelo, las implicaciones de diferentes tipos de errores y el impacto potencial en los usuarios finales es crucial. Además, la interpretabilidad de los modelos, especialmente en campos como la salud y las finanzas, está adquiriendo importancia. Los modelos interpretables permiten a los profesionales explicar el proceso de toma de decisiones, construir confianza y garantizar la responsabilidad.

En conclusión, las métricas de evaluación del modelo desempeñan un papel fundamental en la evaluación del rendimiento de los modelos de aprendizaje automático en diversas tareas. Desde la clasificación y regresión hasta la predicción de series temporales, la elección de métricas debe basarse en los objetivos específicos de la aplicación, sus características y restricciones. Comprender las sutilezas de cada métrica y considerar sus implicaciones en el contexto del dominio del problema es esencial para tomar decisiones informadas sobre la implementación, optimización y perfeccionamiento del modelo. A medida que el campo del aprendizaje automático continúa evolucionando, el desarrollo y la utilización de métricas de evaluación robustas siguen siendo fundamentales para avanzar en la confiabilidad y eficacia de los modelos de aprendizaje automático.

CAPÍTULO V

El Flujo de Trabajo del Aprendizaje Automático

Recopilación y Preparación de Datos

La recopilación y preparación de datos son fundamentales para implementar con éxito modelos de aprendizaje automático (AA), sentando las bases para predicciones precisas e ideas significativas. En el AA, la calidad y relevancia de los datos utilizados para entrenar los modelos influyen significativamente en su rendimiento. La recopilación de datos implica reunir información cruda de diversas fuentes, que abarcan una variedad de formatos, estructuras y escalas. Este proceso establece el escenario para los pasos posteriores, exigiendo atención meticulosa a los detalles para garantizar la representatividad y exhaustividad del conjunto de datos.

Un aspecto crítico de la recopilación de datos en el AA es definir el problema en cuestión e identificar los atributos de los datos esenciales para abordarlo. Esto implica una comprensión exhaustiva del dominio del problema, así como de los objetivos y metas de la aplicación de AA. Sin una comprensión clara del problema y los requisitos de datos, los datos recopilados pueden carecer de relevancia y no capturar las complejidades del escenario del mundo real. Por lo tanto, una definición completa del problema sirve como una brújula que guía el proceso de recopilación de datos.

Una vez que el problema está bien definido, el proceso de recopilación de datos identifica fuentes de datos relevantes. Estas fuentes pueden incluir bases de datos, APIs, sensores, repositorios externos u otros canales que proporcionen acceso a información pertinente. Seleccionar fuentes apropiadas es crucial, ya que impacta directamente en la riqueza y diversidad del conjunto de datos. El objetivo es obtener una muestra representativa que encapsule la variabilidad y complejidad inherentes al contexto del mundo real.

Consideraciones éticas también desempeñan un papel significativo en la recopilación de datos para el aprendizaje automático (AA). Asegurarse de que los datos se recojan de manera responsable, con el debido respeto a la privacidad y seguridad, es primordial. Esto implica obtener el consentimiento de las personas cuando se trata de información personal e implementar medidas para anonimizar y proteger datos sensibles. Adherirse a pautas éticas no solo salvaguarda los derechos de las personas, sino que también contribuye al desarrollo de aplicaciones de AA confiables y socialmente responsables.

Los datos crudos recopilados a menudo se encuentran en un estado que no es adecuado para su uso directo en modelos de AA. Pueden estar incompletos, tener ruido o contener inconsistencias que podrían obstaculizar el aprendizaje. Por lo tanto, el siguiente paso en la fase de preparación de datos implica limpiar y preprocesar los datos. La limpieza implica identificar y manejar valores faltantes o erróneos, valores atípicos y otras anomalías que podrían distorsionar el proceso de aprendizaje. Técnicas de imputación, como la sustitución media o la regresión, se emplean comúnmente para abordar valores faltantes, mientras que los métodos de detección de valores atípicos ayudan a identificar y mitigar el impacto de puntos de datos inusuales.

La ingeniería de características es otro aspecto crucial de la preparación de datos, que implica crear y transformar características para mejorar su relevancia y contribución al modelo. Este paso puede incluir escalado, normalización o extracción de nuevas características que capturen mejor los patrones subyacentes en los datos. Las características correctamente diseñadas contribuyen a la capacidad del modelo para generalizar bien a nuevos datos no vistos.

El preprocesamiento de datos también implica manejar variables categóricas, que pueden tomar valores discretos. Muchos algoritmos de AA requieren entrada numérica, lo que hace necesario convertir variables categóricas a un formato numérico mediante técnicas como codificación one-hot o codificación de etiquetas. Esta transformación asegura que el modelo pueda utilizar efectivamente toda la información disponible.

Además de la limpieza y el preprocesamiento, la división de datos es un paso crucial en la preparación de conjuntos de datos para el AA. Los datos recopilados suelen dividirse en conjuntos de entrenamiento, validación y prueba. El conjunto de entrenamiento se utiliza para entrenar el modelo; el conjunto de validación ayuda a ajustar hiperparámetros y evitar el sobreajuste, mientras que el conjunto de prueba evalúa el rendimiento del modelo en datos no vistos. La partición de datos ayuda a evaluar las capacidades de generalización del modelo y garantiza que pueda desempeñarse bien en nuevas instancias no vistas.

El éxito de un modelo de aprendizaje automático (AA) está intrínsecamente vinculado a la calidad y cantidad de datos utilizados para el entrenamiento. En algunos casos, adquirir suficientes datos etiquetados para tareas de aprendizaje supervisado puede ser desafiante. Esta dificultad ha llevado al desarrollo de técnicas como la ampliación de datos, que implica crear variaciones de datos existentes mediante transformaciones como rotación, volteo o zoom. La ampliación de datos ayuda a diversificar el conjunto de entrenamiento, mejorando la robustez y rendimiento del modelo.

Además, abordar los desequilibrios de clases es crucial en escenarios donde ciertas clases están subrepresentadas en el conjunto de datos. El desequilibrio de clases puede sesgar el proceso de aprendizaje del modelo, dando lugar a predicciones sesgadas. Técnicas como el sobremuestreo de la clase minoritaria o el submuestreo de la clase mayoritaria pueden mitigar estos desequilibrios y asegurar que el modelo aprenda de todas las clases de manera efectiva.

La naturaleza iterativa de la recopilación y preparación de datos a menudo requiere un refinamiento y ajuste constantes. El análisis exploratorio de datos (AED) es una herramienta valiosa en esta fase, proporcionando información sobre la distribución y características de los datos. Técnicas de visualización, resúmenes estadísticos y análisis de correlación ayudan a descubrir patrones, tendencias y posibles relaciones dentro de los datos. El AED facilita la toma de decisiones informadas a lo largo de la preparación de datos, guiando ajustes en estrategias de limpieza, preprocesamiento y ingeniería de características.

A medida que los modelos de aprendizaje automático (AA) evolucionan y abordan problemas cada vez más complejos, la importancia de la experiencia en el dominio en la recopilación y preparación de datos se vuelve más pronunciada. Las colaboraciones entre expertos en el dominio y científicos de datos mejoran la comprensión de las complejidades del problema y contribuyen al desarrollo de modelos más efectivos. Esta sinergia asegura que los datos recopilados cumplan con los requisitos técnicos y se alineen con los matices y complejidades del contexto del mundo real, lo que resulta en aplicaciones de AA más robustas y precisas.

En conclusión, el proceso de recopilación y preparación de datos es un pilar fundamental en el aprendizaje automático. El éxito de los modelos de AA depende de la calidad, relevancia y consideraciones éticas involucradas en la recopilación y preparación de datos. Desde la definición del problema y la selección de fuentes hasta la limpieza, el preprocesamiento y el análisis exploratorio, cada paso juega un papel crucial en la formación del conjunto de datos y, en consecuencia, en el rendimiento del modelo de AA. A medida que la tecnología avanza y la complejidad de los problemas abordados por el AA crece, un enfoque holístico e iterativo en la recopilación y preparación de datos se vuelve cada vez más vital para desarrollar aplicaciones de aprendizaje automático sólidas, éticas y de alto rendimiento.

Entrenamiento del Modelo

El entrenamiento del modelo es fundamental en el aprendizaje automático (AA), marcando la fase en la que los algoritmos aprenden a partir de los datos proporcionados para realizar predicciones o tomar decisiones. Este paso crucial implica alimentar al modelo con un conjunto de datos etiquetado, donde puede discernir patrones, relaciones y estructuras subyacentes que le permiten generalizar bien a instancias no vistas. El proceso es iterativo e implica ajustar los parámetros del modelo en función de la retroalimentación que recibe durante el entrenamiento. El objetivo principal es desarrollar un modelo que capture con precisión los patrones subyacentes en los datos y pueda realizar predicciones confiables en datos nuevos y no vistos.

El aprendizaje supervisado, un paradigma prevalente en el AA, implica entrenar un modelo en un conjunto de datos etiquetado, donde cada entrada está asociada con una salida correspondiente. Durante el entrenamiento, el modelo aprende a mapear las entradas a las salidas ajustando sus parámetros internos mediante algoritmos de optimización. Algoritmos estándar utilizados en el aprendizaje supervisado incluyen regresión lineal, máquinas de soporte vectorial, árboles de decisión y redes neuronales. La elección del algoritmo depende de la naturaleza del problema, las características de los datos y el resultado deseado.

El proceso de entrenamiento requiere definir una función de pérdida adecuada y medir el rendimiento del modelo, cuantificando la diferencia entre las salidas predichas y las etiquetas reales. El objetivo es minimizar esta función de pérdida, guiando al modelo hacia la realización de predicciones más precisas. El descenso del gradiente es una técnica de optimización ampliamente utilizada en el entrenamiento del modelo, donde el modelo ajusta iterativamente sus parámetros en la dirección que minimiza la pérdida. La tasa de aprendizaje, un hiperparámetro, influye en el tamaño de estos ajustes y es un factor crítico en la convergencia del modelo.

Además del aprendizaje supervisado, las técnicas de aprendizaje no supervisado se centran en descubrir patrones o estructuras ocultas en datos no etiquetados. Algoritmos de agrupamiento, como k-means y agrupamiento jerárquico, agrupan instancias similares basándose en similitudes inherentes. Métodos de reducción de dimensionalidad, como el análisis de componentes principales (PCA) o el embebido estocástico de vecinos t-distribuidos (t-SNE), buscan simplificar el conjunto de datos capturando sus características esenciales. El aprendizaje no supervisado es valioso en escenarios donde los datos etiquetados son escasos o costosos.

El aprendizaje por refuerzo representa otro paradigma en el entrenamiento de modelos, donde un agente aprende a tomar decisiones interactuando con un entorno. El agente recibe retroalimentación en forma de recompensas o penalizaciones según sus acciones, lo que le permite adaptarse y mejorar con el tiempo. El Q- learning y el aprendizaje por refuerzo profundo, aprovechando las redes neuronales, han sido fundamentales para avanzar en este campo, especialmente en aplicaciones como la robótica, los videojuegos y los sistemas autónomos.

Una de las consideraciones críticas en el entrenamiento del modelo es la prevención del sobreajuste, un fenómeno en el que el modelo funciona bien en los datos de entrenamiento pero no generaliza bien a datos nuevos y no vistos. Técnicas de regularización, como L1 o L2, ayudan a prevenir el sobreajuste penalizando modelos excesivamente complejos. La validación cruzada, donde el conjunto de datos se divide en múltiples subconjuntos para entrenamiento y validación, ayuda a evaluar el rendimiento de generalización del modelo e identificar posibles problemas de sobreajuste.

El tamaño y la calidad del conjunto de datos de entrenamiento impactan significativamente la capacidad del modelo para generalizar. Un conjunto de datos más grande y diverso proporciona al modelo más ejemplos para aprender, ayudándolo a capturar un rango más amplio de patrones. Sin embargo, la calidad de los datos también es crucial; datos ruidosos o irrelevantes pueden obstaculizar el proceso de aprendizaje y llevar a modelos subóptimos. En el entrenamiento del modelo, encontrar un equilibrio entre el tamaño y la calidad del conjunto de datos es fundamental.

A medida que los modelos de AA se vuelven más complejos, con arquitecturas de aprendizaje profundo ganando prominencia, las demandas computacionales del entrenamiento aumentan sustancialmente. El entrenamiento de redes neuronales profundas implica múltiples capas de nodos interconectados, lo que requiere una considerable potencia computacional. Las unidades de procesamiento gráfico (GPU) y, más recientemente, las unidades de procesamiento tensorial (TPU), se han vuelto herramientas indispensables para acelerar el entrenamiento de modelos de aprendizaje profundo. Las soluciones basadas en la nube también ofrecen recursos escalables para organizaciones que abordan tareas de entrenamiento computacionalmente intensivas.

El aprendizaje por transferencia es un concepto influyente en el entrenamiento de modelos contemporáneo, que permite reutilizar modelos preentrenados en nuevas tareas. En lugar de entrenar un modelo desde cero, el aprendizaje por transferencia aprovecha el conocimiento adquirido de una tarea o dominio relacionado. Este enfoque es particularmente ventajoso cuando se trata de datos etiquetados limitados, ya que el modelo preentrenado ya ha aprendido características valiosas de un conjunto de datos más extenso. Ajustar finamente el modelo preentrenado a la tarea de interés específica facilita una convergencia más rápida y a menudo conduces a un rendimiento mejorado.

La interpretabilidad de los modelos de aprendizaje automático es una preocupación creciente, especialmente en aplicaciones donde las decisiones impactan la vida de las personas, como la salud o las finanzas. Asegurar que los modelos proporcionen explicaciones transparentes de sus predicciones es esencial para fomentar la confianza y la comprensión. Las técnicas de Inteligencia Artificial Explicable (IAE) buscan desmitificar el proceso de toma de decisiones de modelos complejos, brindando información sobre los factores que contribuyen a predicciones específicas. Esta transparencia es crucial para abordar preocupaciones éticas y los requisitos regulatorios de las aplicaciones de aprendizaje automático.

Los métodos de conjunto, como bosques aleatorios y aumento de gradiente, son estrategias populares en el entrenamiento de modelos, combinando las predicciones de múltiples modelos base para mejorar el rendimiento general. Estos métodos mitigan el riesgo de depender demasiado de un solo modelo, ofreciendo robustez y una mejor capacidad de generalización. Los conjuntos a menudo superan a los modelos individuales al agregar las percepciones de modelos diversos, proporcionando un enfoque valioso para tareas complejas.

La optimización de hiperparámetros es un paso esencial en la optimización del rendimiento del modelo. Los hiperparámetros son configuraciones no aprendidas durante el entrenamiento, pero que influyen significativamente en el comportamiento del modelo. La búsqueda en cuadrícula y la búsqueda aleatoria son técnicas estándar para explorar diferentes combinaciones de hiperparámetros e identificar la configuración óptima. El objetivo es encontrar un equilibrio que maximice el rendimiento sin sobreajustar las características específicas de los datos de entrenamiento.

El aprendizaje continuo, un área emergente en el aprendizaje automático, se centra en permitir que los modelos se adapten y aprendan continuamente de nuevos datos mientras retienen el conocimiento adquirido de experiencias anteriores. Esto es particularmente relevante en entornos dinámicos donde la distribución de datos puede cambiar con el tiempo. El aprendizaje incremental, el aprendizaje por transferencia y las redes con memoria aumentada son enfoques dentro del aprendizaje continuo que buscan abordar los desafíos planteados por conjuntos de datos en evolución.

Consideraciones éticas impregnan cada aspecto del entrenamiento de modelos, desde la selección de datos de entrenamiento hasta la implementación del modelo en escenarios del mundo real. El sesgo en los datos de entrenamiento puede llevar a modelos sesgados, perpetuando e exacerbando las desigualdades sociales. Abordar el sesgo requiere un examen detenido de los datos de entrenamiento y el desarrollo de estrategias para mitigar el sesgo en las predicciones del modelo. Algoritmos conscientes de la equidad y la monitorización continua del comportamiento del modelo son componentes esenciales del entrenamiento ético del modelo.

En conclusión, el entrenamiento de modelos en aprendizaje automático es un proceso multifacético que implica seleccionar algoritmos apropiados, definir funciones de pérdida, optimizar hiperparámetros y abordar desafíos como el sobreajuste y el sesgo. La elección del paradigma, ya sea supervisado, no supervisado o de aprendizaje por refuerzo, depende de la naturaleza del problema y los datos disponibles. A medida que el campo continúa evolucionando, con la llegada del aprendizaje profundo, el aprendizaje por transferencia y el aprendizaje continuo, la importancia de las consideraciones éticas, la interpretabilidad y la escalabilidad se vuelve cada vez más pronunciada. El entrenamiento exitoso del modelo no es simplemente un punto final, sino un viaje continuo que requiere una comprensión matizada de los datos y el problema subyacente, junto con un compromiso con prácticas éticas y responsables de IA.

Evaluación y Validación

La evaluación y validación son fases críticas en el ciclo de vida de los modelos de aprendizaje automático (AA), desempeñando un papel fundamental en determinar su eficacia, confiabilidad y capacidades de generalización. El objetivo principal de la evaluación es evaluar qué tan bien un modelo entrenado se desempeña en datos no vistos, proporcionando información sobre su precisión predictiva y robustez. Este proceso implica un examen riguroso de diversas métricas, según la naturaleza del problema y los objetivos de la aplicación de AA.

Los modelos de aprendizaje supervisado se evalúan típicamente mediante métricas de precisión, precisión, recall y puntuación F1. La precisión mide la proporción de instancias correctamente predichas entre todas las instancias, proporcionando una visión general del rendimiento del modelo. La precisión cuantifica el número de predicciones positivas precisas entre todas las predicciones optimistas, mientras que el recall calcula la proporción de predicciones positivas precisas entre todas las instancias positivas reales. La puntuación F1 combina precisión y recall, ofreciendo una métrica equilibrada que tiene en cuenta los falsos positivos y negativos. Estas métricas son especialmente relevantes en tareas de clasificación, donde el modelo predice la clase o categoría de una instancia de entrada.

Para tareas de regresión, donde el objetivo es predecir un valor continuo, las métricas de evaluación incluyen el error cuadrático medio (MSE), el error absoluto medio (MAE) y R-cuadrado. El MSE mide la diferencia promedio al cuadrado entre los valores predichos y reales, proporcionando una visión integral de los errores de predicción. Por el contrario, el MAE representa la diferencia absoluta promedio entre los valores predichos y reales, ofreciendo una métrica más interpretable. R-cuadrado indica la proporción de la varianza en la variable objetivo que explica el modelo. Estas métricas evalúan colectivamente la precisión y la precisión de los modelos de regresión.

En el aprendizaje no supervisado, donde el modelo descubre patrones o estructuras en datos no etiquetados, la evaluación se vuelve inherentemente desafiante debido a la ausencia de etiquetas explícitas. Los algoritmos de agrupamiento, por ejemplo, a menudo se evalúan utilizando métricas como la puntuación de silueta o el índice Davies-Bouldin, que miden la compacidad y separación de los grupos. Las técnicas de reducción de dimensionalidad pueden evaluarse en función de su capacidad para retener características esenciales o capturar la variabilidad en los datos.

La fase de validación está estrechamente vinculada con la evaluación. Asegura que el rendimiento del modelo no esté únicamente optimizado para los datos de entrenamiento, sino que también generalice bien a instancias nuevas y no vistas. El sobreajuste, una trampa común en el aprendizaje automático, ocurre cuando un modelo aprende demasiado bien los datos de entrenamiento, capturando ruido y anomalías que no existen en la población más amplia. Para mitigar el sobreajuste, se emplean estrategias de validación como la validación cruzada.

La validación cruzada implica dividir el conjunto de datos en múltiples subconjuntos, utilizando uno para el entrenamiento y los otros para la validación de manera iterativa. Este proceso ayuda a evaluar el rendimiento del modelo en diferentes subconjuntos de datos, proporcionando una estimación más robusta de sus capacidades de generalización. La validación cruzada k-fold, donde los datos se dividen en k subconjuntos (o pliegues), es una técnica ampliamente utilizada. Cada pliegue es un conjunto de validación mientras que el modelo se entrena en los k-1 pliegues restantes. El proceso se repite k veces, asegurando que cada pliegue se utilice como conjunto de validación exactamente una vez.

Además de la validación cruzada, la validación con retención es otro enfoque común, donde el conjunto de datos se divide en conjuntos de entrenamiento y validación distintos. El modelo se entrena en el conjunto de entrenamiento y se evalúa en el conjunto de validación. La validación con retención es directa pero puede llevar a variabilidad en las estimaciones de rendimiento según la división específica de los datos. El muestreo estratificado, asegurando que cada clase o categoría esté representada proporcionalmente en ambos conjuntos de entrenamiento y validación, ayuda a mitigar esta variabilidad.

La validación basada en el tiempo es crucial en escenarios donde el orden temporal de los datos es significativo, como en la predicción financiera o en la predicción de precios de acciones. Este enfoque utiliza datos anteriores para el entrenamiento, reservando datos más recientes para la validación. Esto refleja escenarios del mundo real donde los modelos deben predecir instancias futuras basándose en datos históricos.

La optimización de hiperparámetros es un aspecto integral de la validación del modelo, que implica optimizar la configuración que influye en el comportamiento del modelo. La búsqueda en cuadrícula y la búsqueda aleatoria son técnicas estándar para explorar diferentes combinaciones de hiperparámetros e identificar la configuración óptima. El objetivo es encontrar un equilibrio que maximice el rendimiento sin sobreajustar las características específicas de los datos de entrenamiento. Las métricas de validación guían este proceso al cuantificar el rendimiento del modelo bajo diversas configuraciones de hiperparámetros.

Consideraciones éticas impregnan las fases de evaluación y validación, exigiendo un escrutinio para garantizar evaluaciones justas e imparciales. El sesgo en los datos de entrenamiento puede llevar a modelos sesgados, perpetuando e exacerbando las desigualdades sociales. Abordar el sesgo requiere vigilancia en la selección de métricas de validación y un compromiso para mitigar posibles disparidades. Técnicas de evaluación conscientes de la equidad y la monitorización continua del comportamiento del modelo son componentes esenciales de prácticas de aprendizaje automático responsables.

La interpretabilidad del modelo se reconoce cada vez más como un aspecto crucial de la evaluación y validación. Comprender cómo llega un modelo a sus predicciones es esencial, especialmente en aplicaciones donde las decisiones impactan la vida de las personas, como en la atención médica o la justicia penal. Las técnicas de inteligencia artificial explicativa (IAE) buscan desmitificar el proceso de toma de decisiones de modelos complejos, proporcionando información sobre los factores que contribuyen a predicciones específicas. Esta transparencia genera confianza y permite a las partes interesadas identificar y abordar posibles sesgos o preocupaciones éticas.

En el contexto de modelos de conjunto, que combinan las predicciones de múltiples modelos base, es esencial evaluar el rendimiento general y la contribución de cada componente. Los métodos de conjunto, como bosques aleatorios y aumento de gradiente, a menudo superan a los modelos individuales, ofreciendo robustez y una mejor generalización. Sin embargo, comprender las interacciones y dependencias entre los miembros del conjunto contribuye a una evaluación más matizada.

La validación externa, que implica la evaluación del rendimiento del modelo por parte de terceros independientes o expertos en el dominio, añade una capa adicional de escrutinio al proceso de evaluación. Esta perspectiva externa puede descubrir posibles puntos ciegos, sesgos o consideraciones éticas que pueden no ser inmediatamente evidentes para quienes están estrechamente involucrados en el proceso de desarrollo del modelo. Auditorías y validaciones independientes contribuyen a la credibilidad y confiabilidad de los modelos de aprendizaje automático, especialmente en aplicaciones de alto riesgo.

A medida que el aprendizaje automático continúa evolucionando, la evaluación y validación continuas son cruciales para adaptar los modelos a las cambiantes distribuciones de datos, abordar las consideraciones éticas emergentes y garantizar la confiabilidad a largo plazo de las aplicaciones de aprendizaje automático. La naturaleza iterativa de estos procesos, junto con los avances en técnicas de explicabilidad y conscientes de la equidad, refleja el compromiso de la comunidad de aprendizaje automático de desarrollar modelos precisos y efectivos, pero también transparentes, éticos y responsables. En esencia, metodologías sólidas de evaluación y validación son fundamentales para construir y mantener la confianza en los sistemas de aprendizaje automático.

Despliegue del Modelo

El despliegue del modelo marca la transición de las fases de desarrollo y entrenamiento a la aplicación práctica de modelos de aprendizaje automático (ML) en escenarios del mundo real. Esta etapa crucial implica poner el modelo entrenado a disposición, permitiéndole realizar predicciones o decisiones sobre datos nuevos e inéditos. El proceso de despliegue abarca diversas consideraciones, incluyendo la configuración de la infraestructura, la escalabilidad, la monitorización y el mantenimiento continuo para garantizar el rendimiento óptimo del modelo a lo largo de su vida operativa.

La elección adecuada de la infraestructura de despliegue es una decisión crucial que influye en la accesibilidad, la capacidad de respuesta y la eficiencia general del modelo. Plataformas de computación en la nube como Amazon Web Services (AWS), Microsoft Azure y Google Cloud Platform (GCP) ofrecen soluciones escalables y flexibles para desplegar modelos de ML. Estas plataformas brindan diversos servicios, desde plataformas de aprendizaje automático gestionadas hasta herramientas de orquestación de contenedores como Kubernetes. La elección de la infraestructura depende de factores como los requisitos computacionales, las necesidades de almacenamiento de datos y las preferencias organizativas.

La contenerización ha surgido como un enfoque popular para desplegar modelos de ML, ofreciendo un entorno ligero y consistente que encapsula el modelo, sus dependencias y el entorno de ejecución. Tecnologías como Docker permiten un despliegue sin problemas en diferentes entornos, reduciendo posibles problemas de compatibilidad y simplificando el proceso de escalado. Herramientas de orquestación de contenedores, incluyendo Kubernetes, facilitan la gestión de aplicaciones de ML contenerizadas a escala, permitiendo una asignación eficiente de recursos y escalado según la demanda.

La escalabilidad es fundamental en el despliegue del modelo, ya que la demanda de predicciones o inferencias puede variar con el tiempo. La escalabilidad horizontal, lograda mediante el despliegue de múltiples instancias del modelo en sistemas distribuidos, es una estrategia común para manejar cargas de trabajo incrementadas. Los mecanismos de escalado automático, a menudo respaldados por proveedores de servicios en la nube, ajustan dinámicamente el número de instancias del modelo según la demanda, asegurando una utilización óptima de recursos y capacidad de respuesta. Una escalabilidad efectiva es esencial para adaptarse a cambios en el volumen de datos, el tráfico de usuarios o los requisitos computacionales.

La monitorización del modelo de ML desplegado es una responsabilidad continua que implica el seguimiento de su rendimiento, la detección de anomalías y la intervención oportuna en caso de problemas. La monitorización abarca diversos aspectos, incluyendo la precisión del modelo, el tiempo de respuesta, la utilización de recursos y la distribución de datos de entrada. Establecer indicadores clave de rendimiento (KPI) e implementar mecanismos de registro facilitan la evaluación continua del comportamiento del modelo. Herramientas de detección de anomalías y alertas permiten medidas proactivas para abordar desviaciones del rendimiento esperado, evitando posibles interrupciones del servicio.

Consideraciones éticas se extienden a la fase de despliegue, exigiendo vigilancia para garantizar la equidad, la transparencia y la responsabilidad. El sesgo en las predicciones del modelo puede perpetuar o exacerbar desigualdades sociales existentes. La monitorización continua de sesgos, técnicas de evaluación conscientes de la equidad y auditorías regulares son prácticas esenciales para identificar y corregir posibles preocupaciones éticas en modelos de ML desplegados. Además, proporcionar explicaciones transparentes para las predicciones del modelo a través de técnicas de Inteligencia Artificial Explicable (IAE) fomenta la confianza del usuario y permite a las partes interesadas entender los factores que influyen en las decisiones.

Las medidas de seguridad desempeñan un papel fundamental en el despliegue del modelo, especialmente al manejar datos sensibles o desplegar modelos en aplicaciones con posibles implicaciones de seguridad. Protocolos de cifrado, APIs seguras y mecanismos de control de acceso ayudan a salvaguardar la confidencialidad e integridad de los datos transmitidos hacia y desde el modelo desplegado. Auditorías de seguridad regulares y la adherencia a las mejores prácticas, como las delineadas por organizaciones como el Proyecto de Seguridad de Aplicaciones Web Abiertas (OWASP, por sus siglas en inglés), contribuyen a una postura de seguridad sólida.

La versión es un aspecto crucial del despliegue del modelo, permitiendo gestionar diferentes iteraciones o actualizaciones del modelo desplegado. El versionado facilita retroceder en caso de problemas inesperados con una nueva versión del modelo y proporciona transparencia al rastrear cambios a lo largo del tiempo. Los flujos de integración continua y despliegue continuo (CI/CD) automatizan las pruebas, el despliegue y la monitorización de las actualizaciones del modelo, garantizando un proceso eficiente y fiable para introducir cambios en el modelo desplegado.

El diseño de la interfaz de usuario y la integración son consideraciones significativas para hacer que el modelo sea accesible para los usuarios finales u otros sistemas. El despliegue de modelos de ML a menudo implica integrarlos en aplicaciones existentes, flujos de trabajo o interfaces de usuario. Interfaces de usuario amigables que proporcionen instrucciones claras, visualizaciones y retroalimentación contribuyen a una experiencia positiva para el usuario. Las API bien diseñadas (Interfaces de Programación de Aplicaciones) permiten una comunicación fluida entre el modelo desplegado y otros componentes de software, facilitando su integración en diversas aplicaciones.

El despliegue del modelo no es un evento único, sino un proceso continuo que requiere una estrategia de mantenimiento sólida. Esto incluye el reentrenamiento periódico del modelo para adaptarse a las distribuciones de datos cambiantes y garantizar su relevancia y precisión continuas. Los intervalos de reentrenamiento dependen de factores como la velocidad de cambio de los datos y la importancia de las predicciones del modelo. Actualizaciones regulares de dependencias, bibliotecas y parches de seguridad son esenciales para mitigar posibles vulnerabilidades y garantizar la compatibilidad del modelo con las tecnologías en evolución.

El cumplimiento normativo es crucial en el despliegue del modelo, especialmente en industrias con estrictos requisitos de protección de datos y privacidad. Cumplir con regulaciones como el Reglamento General de Protección de Datos (GDPR) o la Ley de Portabilidad y Responsabilidad del Seguro Médico (HIPAA) es imperativo para salvaguardar la privacidad del usuario y evitar consecuencias legales. Las organizaciones que despliegan modelos de ML deben mantenerse al tanto de los desarrollos normativos y asegurarse de que sus prácticas de despliegue estén alineadas con los marcos legales actuales.

Los bucles de retroalimentación continua son fundamentales para el éxito de los modelos de ML desplegados, permitiendo a las organizaciones obtener información sobre el rendimiento del modelo en escenarios del mundo real. La retroalimentación de usuarios, datos de monitorización e indicadores clave de rendimiento contribuyen información valiosa para refinar el modelo, identificar posibles áreas de mejora y abordar desafíos emergentes. Los mecanismos de retroalimentación fomentan una cultura de mejora continua, permitiendo a las organizaciones iterar en modelos desplegados y mejorar su eficacia general.

La colaboración entre científicos de datos, ingenieros de aprendizaje automático, expertos en dominios y otros interesados es fundamental a lo largo del despliegue. Una comunicación efectiva asegura que el modelo desplegado se alinee con los objetivos de la organización, satisfaga las necesidades de los usuarios finales e incorpore conocimientos específicos del dominio. La colaboración también facilita la integración de la retroalimentación, la identificación de posibles problemas éticos y la adaptación del modelo a los requisitos cambiantes.

En conclusión, el despliegue del modelo es un proceso multifacético y continuo que se extiende más allá de los aspectos técnicos de poner un modelo entrenado a disposición. La selección de infraestructura, consideraciones de escalabilidad, monitorización, salvaguardias éticas, medidas de seguridad, versionado, diseño de la interfaz de usuario, estrategias de mantenimiento, cumplimiento normativo y colaboración son todos componentes integrales del despliegue exitoso de modelos. La cuidadosa orquestación de estos elementos asegura que los modelos de ML cumplan con los requisitos técnicos y operen ética, segura y eficazmente en aplicaciones del mundo real. A medida que las organizaciones aprovechan cada vez más el poder del aprendizaje automático, las prácticas sólidas de despliegue se vuelven esenciales para cosechar los beneficios de estas tecnologías avanzadas al tiempo que se mitigan los desafíos asociados.

CAPÍTULO VI

Algoritmos Populares de Aprendizaje Automático

Regresión Lineal

La regresión lineal es un algoritmo fundamental y ampliamente utilizado en el aprendizaje supervisado de aprendizaje automático (ML). Forma la base para entender la relación entre una variable dependiente y una o más variables independientes, con el objetivo de establecer una ecuación lineal que predice la variable dependiente en función de los valores de las variables independientes. La simplicidad y la interpretabilidad de la regresión lineal la convierten en un método preferido para diversas aplicaciones, desde predecir precios de viviendas hasta analizar el impacto de campañas de marketing.

En su forma más simple, la regresión lineal aborda un escenario en el que hay una relación lineal entre una variable independiente (a menudo denotada como X) y una variable dependiente (a menudo representada como Y). La ecuación lineal toma la forma $Y = mX + b$, donde m es la pendiente de la línea y b es la intersección en el eje Y. La regresión lineal busca encontrar los valores de m y b que minimizan la diferencia entre los valores predichos (Ypred) y los valores reales (Yactual) en los datos de entrenamiento. Esta minimización se logra típicamente mediante el método de mínimos cuadrados, que busca minimizar la suma de las diferencias al cuadrado entre los valores predichos y reales.

La regresión lineal se puede extender a múltiples variables independientes, formando lo que se conoce como regresión lineal múltiple. En este caso, la ecuación lineal se convierte en $Y = b_0 + b_1X_1 + b_2X_2 + ... + b_nX_n$, donde b_0 es la intersección en el eje Y, y b_1, b_2, b_n son los coeficientes asociados con cada variable independiente X_1, X_2, ..., X_n. El modelo busca encontrar los valores de estos coeficientes que mejor se ajustan a los datos de entrenamiento, permitiendo predicciones basadas en múltiples características.

Entrenar un modelo de regresión lineal implica estimar los valores de los coeficientes que minimizan la diferencia entre los valores predichos y reales en el conjunto de datos de entrenamiento. Esto se hace típicamente mediante técnicas de optimización, siendo el enfoque más común el descenso de gradiente. El descenso de gradiente ajusta iterativamente los coeficientes en la dirección que reduce la función de pérdida, convergiendo finalmente a los valores óptimos. La tasa de aprendizaje, un hiperparámetro, influye en el tamaño de estos ajustes y es crucial para vincular el proceso de optimización.

Un aspecto esencial para evaluar el rendimiento de un modelo de regresión lineal es la interpretación de sus coeficientes. La pendiente (m o b_1, b_2, ..., b_n en la regresión lineal múltiple) indica el cambio en la variable dependiente por un cambio de una unidad en la variable independiente correspondiente, suponiendo que todas las demás variables se mantienen constantes. Por ejemplo, al predecir precios de viviendas, una pendiente positiva para el número de habitaciones sugiere que al aumentar el número de habitaciones en una unidad, se espera que el precio de la vivienda aumente por el valor de la pendiente.

La evaluación del modelo en la regresión lineal se basa comúnmente en el error cuadrático medio (MSE) o el error absoluto medio (MAE). Estas métricas cuantifican la diferencia promedio entre los valores predichos y reales, midiendo la precisión del modelo. Además, el coeficiente de determinación, R2, se utiliza comúnmente para evaluar la proporción de la varianza en la variable dependiente explicada por el modelo. Los valores de R2 cercanos a 1 indican un buen ajuste, mientras que los valores cercanos a 0 sugieren que el modelo no explica gran parte de la varianza.

Las suposiciones desempeñan un papel crucial en la aplicabilidad y confiabilidad de los modelos de regresión lineal. Las suposiciones subyacentes incluyen linealidad, independencia, homocedasticidad y normalidad de los residuos. La suposición de linealidad afirma que la relación entre las variables independientes y dependientes es lineal, mientras que la suposición de independencia requiere que las observaciones no se vean influenciadas entre sí. La homocedasticidad implica que la varianza de los residuos debe ser constante en todos los niveles de las variables independientes, y la normalidad de los residuos asume que los residuos siguen una distribución normal. Las violaciones de estas suposiciones pueden afectar la precisión e interpretabilidad del modelo, resaltando la importancia de realizar comprobaciones diagnósticas.

Técnicas de regularización, como la regresión Ridge y Lasso, se pueden emplear en la regresión lineal para abordar problemas como la multicolinealidad y el sobreajuste. La regresión Ridge agrega un término de penalización a la función objetivo de mínimos cuadrados, desalentando valores grandes de coeficientes. Por otro lado, la regresión Lasso agrega un término de penalización que fomenta la dispersión al llevar algunos coeficientes a cero. Estas técnicas de regularización equilibran ajustar bien los datos y evitar que el modelo se vuelva demasiado complejo.

La regresión lineal encuentra aplicaciones en diversos campos, desde economía y finanzas hasta atención médica y ciencias sociales. En finanzas, puede predecir precios de acciones basándose en datos históricos e indicadores financieros relevantes. En el ámbito de la salud, los modelos de regresión lineal pueden ayudar a predecir resultados de pacientes según variables clínicas. Además, la regresión lineal se emplea comúnmente en marketing para analizar el impacto de los gastos publicitarios en las ventas.

A pesar de su simplicidad, la regresión lineal ha demostrado ser una herramienta robusta y versátil en la caja de herramientas de aprendizaje automático. Su interpretabilidad, facilidad de implementación y capacidad para manejar relaciones simples y complejas la convierten en una elección valiosa para muchos problemas del mundo real. Sin embargo, es esencial que los profesionales sean conscientes de sus suposiciones y limitaciones, y que consideren técnicas más avanzadas al enfrentarse a escenarios que puedan no adherirse estrictamente a estas suposiciones.

En conclusión, la regresión lineal es un algoritmo fundamental y ampliamente utilizado en el aprendizaje automático, proporcionando un método sencillo pero poderoso para modelar la relación entre variables independientes y dependientes. Ya sea en su forma simple o extendida a múltiples variables, la regresión lineal encuentra aplicaciones en campos diversos. Continúa siendo una herramienta valiosa para entender datos y realizar predicciones. Su interpretabilidad, facilidad de implementación y adaptabilidad a diversos dominios contribuyen a su relevancia duradera en el aprendizaje automático.

Árboles de Decisión

Los árboles de decisión representan un algoritmo versátil y ampliamente utilizado en el aprendizaje supervisado de máquinas. Estas estructuras con forma de árbol se utilizan para tareas de clasificación y regresión, ofreciendo una representación transparente e intuitiva de los procesos de toma de decisiones. Los árboles de decisión realizan predicciones dividiendo recursivamente el espacio de entrada en función de las características y sus valores, asignando finalmente etiquetas o prediciendo valores para instancias dentro de cada nodo terminal o hoja. La construcción de un árbol de decisión implica seleccionar las características más informativas en cada nodo, dando como resultado una estructura jerárquica que refleja el proceso de toma de decisiones.

El proceso de construir un árbol de decisión comienza con la selección del nodo raíz, que representa todo el conjunto de datos. El algoritmo luego identifica la característica que mejor divide los datos en subconjuntos, maximizando la homogeneidad dentro de cada subgrupo. La medida de homogeneidad, a menudo cuantificada por métricas como la impureza de Gini o la entropía, guía al algoritmo del árbol de decisión en la selección de la característica óptima para las divisiones de los nodos. La impureza de Gini mide la probabilidad de clasificar incorrectamente un elemento elegido al azar en un conjunto de datos, mientras que la entropía mide el nivel de desorden o incertidumbre en un conjunto de datos.

Una vez que se divide el nodo raíz, el proceso se repite para cada nodo hijo, dividiendo recursivamente los datos en función de las características seleccionadas. Esta división recursiva continúa hasta que se cumple un criterio de detención predefinido, como una profundidad máxima del árbol, un número mínimo de muestras en un nodo hoja o el logro de una homogeneidad perfecta. Los árboles de decisión pueden volverse profundos y complejos, capturando patrones intrincados en los datos. Sin embargo, esto puede llevar al sobreajuste, donde el modelo funciona bien en los datos de entrenamiento pero necesita generalizarse a instancias nuevas y no vistas.

Los árboles de decisión son altamente interpretables, ya que tanto los profesionales como los no expertos pueden visualizar y entender fácilmente el modelo resultante. Cada nodo de decisión en el árbol representa una prueba en una característica específica, dando lugar a diferentes ramas según el resultado de la prueba. Los nodos hoja proporcionan las predicciones o clasificaciones finales. Esta transparencia hace que los árboles de decisión sean particularmente valiosos en aplicaciones donde la interpretabilidad es crucial, como el diagnóstico médico o la evaluación crediticia.

Los métodos de conjunto, específicamente Bosques Aleatorios y árboles potenciados mediante gradiente, se basan en los árboles de decisión para mejorar el rendimiento predictivo. Los Bosques Aleatorios crean múltiples árboles de decisión y combinan sus predicciones, introduciendo un elemento de aleatoriedad durante el proceso de entrenamiento. Esta aleatoriedad implica seleccionar un subconjunto aleatorio de características para cada árbol y realizar un muestreo con reemplazo de las muestras de entrenamiento, contribuyendo a una mayor robustez y generalización. Los árboles potenciados mediante gradiente, por otro lado, construyen árboles de decisión de manera secuencial, con cada árbol subsecuente intentando corregir los errores de los anteriores. Este proceso de aumento iterativo perfecciona el modelo, logrando a menudo una alta precisión predictiva.

A pesar de sus fortalezas, los árboles de decisión tienen limitaciones. Pueden ser sensibles a pequeñas variaciones en los datos y pueden producir árboles diferentes con cambios menores en el conjunto de entrenamiento. Esta sensibilidad se mitiga en cierta medida mediante métodos de conjunto como los Bosques Aleatorios. Los árboles de decisión también tienden a crear árboles sesgados cuando se enfrentan a conjuntos de datos desequilibrados, donde una clase supera significativamente a las demás. Técnicas como el equilibrio de pesos de clase o métodos de remuestreo pueden abordar este problema.

La poda es una técnica empleada para mitigar el sobreajuste en los árboles de decisión. La poda implica eliminar ramas o nodos del árbol que no contribuyen significativamente a mejorar la precisión predictiva. La poda previa consiste en detener el proceso de construcción del árbol según condiciones predefinidas, como limitar la profundidad máxima o requerir un número mínimo de muestras en un nodo hoja. La poda posterior, o poda por complejidad de costo, implica hacer crecer el árbol hasta su máxima profundidad y luego eliminar selectivamente nodos basándose en un criterio de complejidad de costo.

Los árboles de decisión encuentran aplicación en diversos campos debido a su simplicidad, interpretabilidad y capacidad para manejar datos numéricos y categóricos. Pueden ayudar en el diagnóstico médico al analizar características y síntomas de pacientes para predecir posibles enfermedades en el ámbito de la salud. En finanzas, se pueden emplear para la evaluación crediticia, evaluando el riesgo asociado con prestar a individuos según su historial financiero. Además, se utilizan en sistemas de gestión de relaciones con clientes (CRM) para estrategias de segmentación y focalización.

La interpretabilidad y transparencia de los árboles de decisión contribuyen a su adopción en dominios reguladores y sensibles al cumplimiento normativo. Los árboles de decisión proporcionan un rastro de auditoría claro del proceso de toma de decisiones, permitiendo a las partes interesadas comprender cómo y por qué se hizo una predicción en particular. Esta transparencia es crucial en contextos donde la responsabilidad, la equidad y el cumplimiento normativo son fundamentales.

La interpretabilidad de los árboles de decisión conlleva un equilibrio entre simplicidad y rendimiento predictivo. Aunque los árboles de decisión son fáciles de comprender y visualizar, su precisión predictiva puede necesitar alcanzar a modelos más complejos para tareas específicas. Los métodos de conjunto como Bosques Aleatorios y árboles potenciados mediante gradiente buscan abordar este equilibrio al combinar la simplicidad de los árboles de decisión con el poder predictivo de múltiples modelos. Los Bosques Aleatorios, en particular, han demostrado ser efectivos para lograr una alta precisión en conjuntos de datos diversos, convirtiéndolos en una elección popular en la práctica.

Consideraciones éticas también entran en juego al implementar árboles de decisión, especialmente en aplicaciones donde decisiones sesgadas podrían tener consecuencias significativas. El sesgo puede introducirse si los datos de entrenamiento utilizados para construir el árbol de decisión son sesgados. Abordar el sesgo implica una cuidadosa curación de los datos de entrenamiento, algoritmos conscientes de la equidad y el monitoreo continuo del rendimiento del modelo para detectar impactos dispares en diferentes grupos demográficos.

En conclusión, los árboles de decisión son un algoritmo fundamental y versátil de aprendizaje automático, valorado por su interpretabilidad, simplicidad y aplicabilidad en diversos dominios. Su estructura jerárquica refleja procesos de toma de decisiones, haciéndolos especialmente adecuados para escenarios donde la transparencia es crucial. Aunque los árboles de decisión tienen limitaciones, como la sensibilidad a variaciones en los datos y el posible sobreajuste, técnicas como la poda y los métodos de conjunto contribuyen a su eficacia y robustez. A medida que el aprendizaje automático continúa evolucionando, los árboles de decisión siguen siendo una herramienta valiosa para profesionales que buscan transparencia y partes interesadas que requieren percepciones claras en la toma de decisiones.

Máquinas de Soporte Vectorial

Las Máquinas de Soporte Vectorial (SVM, por sus siglas en inglés) son una clase poderosa y versátil de algoritmos supervisados ampliamente utilizados para tareas de clasificación y regresión. Desarrolladas por Vapnik y Cortes en la década de 1990, las SVM son particularmente hábiles para manejar conjuntos de datos complejos y son conocidas por su capacidad para construir límites de decisión en dimensiones elevadas. El principio fundamental detrás de las SVM es encontrar un hiperplano óptimo que separe las diferentes clases en el espacio de entrada. El término "vector de soporte" se refiere a los puntos de datos más cercanos al límite de decisión, influyendo en su posición y orientación. Las SVM son especialmente efectivas en escenarios donde los datos no son linealmente separables, ya que pueden aprovechar funciones kernel para mapear los datos a espacios de mayor dimensión, creando límites de decisión no lineales.

El objetivo principal de las SVM es maximizar el margen, definido como la distancia entre el límite de decisión y el punto de datos más cercano de cualquiera de las clases. Un margen más grande indica una mayor confianza en la capacidad del modelo para generalizar a datos no vistos. El hiperplano óptimo se posiciona para maximizar este margen, proporcionando robustez contra ruido y valores atípicos en el conjunto de datos. En casos linealmente separables, las SVM buscan encontrar un hiperplano que separe perfectamente los datos en clases distintas. Sin embargo, en escenarios del mundo real donde la separación completa no es factible, una SVM de margen suave introduce un grado de tolerancia para clasificaciones incorrectas, logrando un equilibrio entre maximizar el margen y permitir algunos errores.

El límite de decisión de una SVM está determinado por un subconjunto de puntos de datos conocidos como vectores de soporte, que son cruciales para influir en la posición y orientación del hiperplano. Estos vectores de soporte son las instancias que se encuentran en los márgenes o están mal clasificadas, contribuyendo a la eficacia general del modelo. El entrenamiento implica optimizar una formulación matemática que incorpora el tamaño del margen, los pesos asignados a cada característica y un término de regularización para manejar clasificaciones incorrectas. La optimización se resuelve típicamente utilizando técnicas como la programación cuadrática.

Las Máquinas de Soporte Vectorial (SVM) pueden extenderse de manera fluida para manejar límites de decisión no lineales a través de funciones kernel. Las funciones kernel transforman el espacio de entrada en un espacio de características de mayor dimensión, donde se pueden capturar relaciones no lineales. Los kernels comúnmente utilizados incluyen kernels polinómicos, kernels de función de base radial (RBF) y kernels sigmoideos. La elección del kernel depende de las características de los datos y de la complejidad deseada del límite de decisión. Si bien el uso de funciones kernel mejora la capacidad expresiva de las SVM, también introduce la necesidad de ajuste de hiperparámetros para optimizar parámetros como el tipo de kernel y los coeficientes asociados.

Además de la clasificación, las SVM también son aplicables a tareas de regresión, donde el objetivo es predecir una salida continua. La Regresión de Vectores de Soporte (SVR, por sus siglas en inglés) emplea principios similares a las SVM de clasificación, pero los adapta para manejar escenarios de regresión. SVR tiene como objetivo ajustar un hiperplano que capture la relación entre las características de entrada y la variable objetivo continua, minimizando errores dentro de un margen definido. Al igual que las SVM de clasificación, SVR utiliza vectores de soporte para influir en el hiperplano y determinar el ajuste óptimo.

La efectividad de las SVM en espacios de alta dimensión y su capacidad para manejar relaciones no lineales las hacen adecuadas para diversas aplicaciones. En tareas de clasificación de imágenes, las SVM han distinguido con éxito entre diferentes objetos dentro de las imágenes, aprovechando su capacidad para manejar espacios de características complejas. La categorización de texto y el análisis de sentimientos se benefician de la capacidad de las SVM para capturar relaciones no lineales en datos textuales. Las SVM también se emplean en bioinformática para la predicción de la estructura de proteínas y el análisis de expresión génica, donde las relaciones subyacentes pueden ser intrincadas y no lineales.

A pesar de sus ventajas, las SVM presentan desafíos computacionales, especialmente a medida que aumenta el tamaño del conjunto de datos. Entrenar una SVM puede ser computacionalmente exigente, especialmente con espacios de características amplios. Además, la elección del kernel y sus parámetros asociados puede afectar significativamente el rendimiento del modelo, requiriendo una cuidadosa consideración y experimentación. Técnicas como la validación cruzada y la búsqueda en cuadrícula se emplean comúnmente para ajustar hiperparámetros y optimizar las SVM para tareas específicas.

La interpretación de las Máquinas de Soporte Vectorial (SVM) suele ser menos intuitiva que la de los árboles de decisión o los modelos de regresión lineal. El límite de decisión en espacios de dimensiones superiores puede no ser fácilmente visualizado, y la influencia de características individuales en las predicciones del modelo puede necesitar ser más transparente. Sin embargo, la capacidad para capturar relaciones complejas y brindar una alta precisión predictiva a menudo supera el desafío de la interpretabilidad, especialmente en tareas que se centran en el rendimiento general.

Las consideraciones éticas en las SVM giran en torno a la equidad y el sesgo. La efectividad de las SVM depende de la suposición de que los datos son representativos e imparciales. Si los datos de entrenamiento están sesgados o contienen sesgos, las SVM pueden aprender y perpetuar estos sesgos, dando lugar a resultados injustos o discriminatorios. Abordar estas preocupaciones éticas implica curar cuidadosamente los datos de entrenamiento, utilizar algoritmos conscientes de la equidad y monitorear el comportamiento del modelo en busca de impactos dispares en diferentes grupos demográficos.

En conclusión, las Máquinas de Soporte Vectorial siguen siendo una herramienta poderosa y versátil en el conjunto de herramientas de aprendizaje automático, adecuadas para tareas de clasificación y regresión en diversos dominios. Su capacidad para manejar espacios de alta dimensión, capturar relaciones no lineales a través de funciones kernel y aprovechar los vectores de soporte para límites de decisión efectivos las hace particularmente valiosas. Aunque la interpretación de las SVM puede ser desafiante, su énfasis en maximizar los márgenes y optimizar la generalización robusta contribuye a su eficacia en aplicaciones del mundo real. A medida que avanza el aprendizaje automático, las SVM siguen siendo un algoritmo relevante e influyente, encontrando aplicaciones continuas en campos que van desde el reconocimiento de imágenes y el análisis de texto hasta la bioinformática.

Redes Neuronales

Las Redes Neuronales (NN, por sus siglas en inglés) representan una clase de modelos de aprendizaje automático inspirados en la estructura y función del cerebro humano. Compuestas por nodos interconectados, o neuronas, organizadas en capas, las redes neuronales destacan en aprender patrones y representaciones complejas a partir de datos, convirtiéndolas en un pilar fundamental en la inteligencia artificial. Una red neuronal típica consta de una capa de entrada, capas ocultas y una capa de salida. Cada conexión, o arista, entre las neuronas está asociada con un peso, y las neuronas aplican funciones de activación a sus entradas para producir señales de salida. El proceso de aprendizaje de una red neuronal implica ajustar estos pesos durante el entrenamiento para minimizar la diferencia entre las salidas predichas y reales.

Una de las fortalezas críticas de las redes neuronales es su capacidad para descubrir representaciones jerárquicas intrincadas en los datos de manera automática. La red aprende a extraer características y patrones de creciente complejidad a medida que la información atraviesa capas sucesivas. Este aprendizaje jerárquico de características permite a las redes neuronales capturar relaciones matizadas dentro de los datos, haciéndolas particularmente efectivas en tareas como el reconocimiento de imágenes, el procesamiento del lenguaje natural y el reconocimiento de voz.

El entrenamiento de las redes neuronales implica un proceso conocido como retropropagación, una forma de aprendizaje supervisado. La retropropagación implica calcular el gradiente de la función de pérdida con respecto a los pesos y luego ajustar los pesos en la dirección opuesta al gradiente para minimizar la pérdida. Este proceso iterativo de optimización se lleva a cabo a menudo utilizando algoritmos de optimización como el descenso de gradiente estocástico (SGD) o sus variantes. La elección de las funciones de activación en las neuronas, como la sigmoide, la tangente hiperbólica (tanh) o la unidad lineal rectificada (ReLU), influye en la dinámica de aprendizaje de la red y afecta su capacidad para modelar relaciones complejas.

Las redes neuronales pueden adoptar diversas arquitecturas, cada una adecuada para diferentes tareas y características de datos. Las Redes Neuronales de Propagación hacia Adelante, la forma más simple de redes neuronales, propagan información en una sola dirección, desde las capas de entrada hasta las de salida, sin bucles de retroalimentación. Las Redes Neuronales Convolucionales (CNN, por sus siglas en inglés) están especializadas en tareas que involucran datos con forma de cuadrícula, como imágenes. Utilizan capas convolucionales para aprender jerarquías espaciales de características automáticamente, permitiendo un reconocimiento efectivo de imágenes. Por otro lado, las redes neuronales recurrentes (RNN, por sus siglas en inglés) introducen conexiones recurrentes, lo que les permite capturar dependencias secuenciales en los datos y las hace adecuadas para tareas como el procesamiento del lenguaje natural y la predicción de series temporales.

El advenimiento del aprendizaje profundo, impulsado por el aumento de la disponibilidad de datos y los avances en la potencia computacional, ha propulsado el éxito de las redes neuronales profundas, caracterizadas por tener muchas capas. Las Redes Neuronales Profundas (DNN, por sus siglas en inglés) o modelos de aprendizaje profundo han demostrado un rendimiento excepcional en tareas que involucran conjuntos de datos masivos y jerarquías de características complejas. Si bien la profundidad de la red contribuye a su capacidad para el aprendizaje de representaciones, también introduce desafíos, como la desaparición o explosión de gradientes durante el entrenamiento. Se han introducido técnicas como la normalización por lotes y las conexiones residuales para abordar estos desafíos y permitir el entrenamiento exitoso de redes profundas.

El aprendizaje por transferencia es un paradigma dentro de las redes neuronales que aprovecha modelos preentrenados en conjuntos de datos grandes para mejorar el rendimiento en conjuntos de datos más pequeños y específicos de tareas. Utilizar el conocimiento aprendido de un dominio permite ajustar estos modelos para tareas específicas, reduciendo la necesidad de datos etiquetados extensos. El aprendizaje por transferencia ha demostrado ser beneficioso en dominios donde los datos etiquetados son escasos, como en imágenes médicas o tareas específicas de procesamiento del lenguaje natural. A pesar de sus capacidades notables, las redes neuronales no están exentas de desafíos. Una de las preocupaciones principales es la interpretabilidad de estos modelos. Las relaciones complejas y no lineales aprendidas por las redes neuronales a menudo resultan en modelos "caja negra", donde comprender la justificación detrás de predicciones específicas puede ser desafiante. Investigadores y profesionales están explorando activamente métodos para mejorar la interpretabilidad, incluyendo mecanismos de atención y propagación de relevancia capa por capa, para arrojar luz sobre los procesos de toma de decisiones de las redes neuronales.

Las consideraciones éticas en las redes neuronales giran en torno a la equidad, la transparencia y el sesgo. El modelo puede perpetuar y amplificar estos sesgos si los datos de entrenamiento utilizados para entrenar las redes neuronales contienen sesgos o reflejan desigualdades sociales. Abordar estas preocupaciones implica curar cuidadosamente los datos de entrenamiento, desarrollar algoritmos justos e imparciales y monitorear el comportamiento del modelo en busca de implicaciones éticas. Además, asegurar la transparencia en las decisiones del modelo y aplicar perspectivas diversas en el proceso de desarrollo son pasos cruciales hacia la implementación responsable de las redes neuronales.

Las redes neuronales encuentran aplicaciones en diversos dominios, mostrando su versatilidad y adaptabilidad. Se han utilizado en el ámbito de la salud para el diagnóstico de enfermedades a partir de imágenes médicas, el descubrimiento de medicamentos y la medicina personalizada. En finanzas, las redes neuronales se utilizan para la detección de fraudes, la calificación crediticia y el trading algorítmico. Las tareas de procesamiento del lenguaje natural, como la traducción automática, el análisis de sentimientos y el desarrollo de chatbots, se benefician de las capacidades de aprendizaje secuencial de las redes neuronales recurrentes. Además, las redes neuronales han contribuido significativamente a la visión por computadora, permitiendo avances en el reconocimiento de imágenes, la detección de objetos y los vehículos autónomos.

La evolución de las redes neuronales está estrechamente vinculada a los avances en tecnologías de hardware y software. Las Unidades de Procesamiento Gráfico (GPU) y hardware especializado como las Unidades de Procesamiento Tensorial (TPU) han desempeñado un papel fundamental en acelerar los procesos de entrenamiento e inferencia, haciendo factible entrenar redes neuronales a gran escala de manera eficiente. Marcos de trabajo como TensorFlow y PyTorch proporcionan interfaces accesibles para desarrollar, entrenar e implementar redes neuronales, contribuyendo a la amplia adopción de estos modelos en diversas industrias.

En conclusión, las redes neuronales representan una fuerza transformadora en el aprendizaje automático, ofreciendo capacidades sin igual para aprender patrones y representaciones complejas a partir de datos. Desde las redes neuronales de propagación hacia adelante fundamentales hasta arquitecturas sofisticadas como las redes neuronales convolucionales y recurrentes, estos modelos han demostrado un rendimiento de vanguardia en tareas diversas. El surgimiento del aprendizaje profundo y el exitoso entrenamiento de redes neuronales profundas han abierto nuevos horizontes en la investigación y aplicación de la inteligencia artificial. Sin embargo, las consideraciones éticas, los desafíos de interpretabilidad y la necesidad de implementación responsable destacan la importancia de un enfoque integral para desarrollar y utilizar redes neuronales. A medida que avanza la tecnología, el papel de las redes neuronales en dar forma al futuro de la inteligencia artificial sigue siendo central, prometiendo nuevos avances e innovaciones.

Algoritmos de Agrupamiento

Los algoritmos de agrupamiento constituyen una categoría fundamental de técnicas de aprendizaje automático no supervisado diseñadas para identificar estructuras o patrones inherentes dentro de un conjunto de datos. A diferencia del aprendizaje supervisado, donde los modelos se entrenan con datos etiquetados para predecir resultados específicos, el agrupamiento tiene como objetivo agrupar puntos de datos similares según criterios específicos. El objetivo principal es descubrir patrones latentes, relaciones o divisiones naturales en los datos, facilitando una comprensión más profunda de su estructura inherente. El agrupamiento encuentra aplicaciones en diversos campos, incluyendo el análisis de datos, el reconocimiento de patrones, la segmentación de clientes y la detección de anomalías.

El agrupamiento K-means es uno de los algoritmos de agrupamiento más conocidos y ampliamente utilizados. Divide un conjunto de datos en K grupos, cada uno representado por su centroide. El algoritmo asigna iterativamente puntos de datos al centroide más cercano, recalcula los centroides basándose en los puntos dados y repite este proceso hasta la convergencia. K-means es eficiente y computacionalmente escalable, lo que lo hace adecuado para conjuntos de datos grandes. Sin embargo, su rendimiento puede ser sensible a la elección inicial de centroides, y el algoritmo asume que los grupos son esféricos y de tamaño igual.

Los métodos de agrupamiento jerárquico organizan los datos en una jerarquía similar a un árbol, conocida como un dendrograma, que representa las relaciones entre los grupos en diferentes niveles. El agrupamiento jerárquico aglomerativo comienza con puntos de datos individuales como grupos separados e une iterativamente los grupos más similares hasta que un solo grupo engloba todos los puntos de datos. El agrupamiento jerárquico divisor toma el enfoque opuesto, comenzando con un solo grupo y dividiéndolo recursivamente en grupos más pequeños. El agrupamiento jerárquico representa visualmente la estructura jerárquica de los datos y no requiere especificar el número de grupos de antemano. Sin embargo, puede ser computacionalmente costoso, especialmente para conjuntos de datos grandes.

El algoritmo de agrupamiento espacial basado en densidad con aplicaciones de ruido (DBSCAN) es un algoritmo de agrupamiento basado en densidad que identifica grupos como regiones densas separadas por áreas más dispersas. DBSCAN asigna cada punto de datos a un grupo, un valor atípico o ruido según su densidad relativa a los puntos vecinos. El algoritmo introduce los conceptos de puntos centrales, que tienen un número mínimo de puntos vecinos dentro de un radio especificado, y puntos de borde, que son alcanzables desde un punto central pero no cumplen con el requisito de densidad. DBSCAN es efectivo para identificar grupos con formas irregulares y manejar el ruido. Sin embargo, depende de la elección adecuada de hiperparámetros, como el radio y el número mínimo de puntos.

Otro algoritmo destacado de agrupamiento es el Modelo de Mezcla Gaussiana (GMM), que asume que los puntos de datos dentro de cada grupo siguen una distribución gaussiana. GMM representa grupos como elipsoides, que permiten variaciones en las formas y tamaños de los grupos. El algoritmo estima los parámetros de las distribuciones gaussianas, incluyendo medias y covarianzas, y asigna probabilidades a los puntos de datos pertenecientes a cada grupo. La Expectation-Maximization (EM) se usa comúnmente para actualizar estos parámetros de manera iterativa. GMM es más flexible para capturar formas de grupos complejas y es adecuado para conjuntos de datos con distribuciones mixtas o superpuestas. Sin embargo, puede necesitar ayuda con grupos no gaussianos y requiere suficientes datos para estimar parámetros con precisión.

Un paradigma emergente en el agrupamiento es el agrupamiento espectral, que aprovecha los valores propios y vectores propios de una matriz de similitud derivada del conjunto de datos. El agrupamiento espectral mapea puntos de datos en un espacio de menor dimensión donde se aplican algoritmos de agrupamiento tradicionales, como K-means. Este enfoque puede descubrir grupos con límites no lineales y es particularmente efectivo para la segmentación de imágenes y datos basados en grafos. Sin embargo, el agrupamiento espectral puede requerir determinar el número de grupos de antemano, y su rendimiento depende de la elección de la métrica de similitud y la construcción de la matriz de afinidad.

Los algoritmos de agrupamiento también se extienden a métodos basados en densidad, siendo OPTICS (Ordenación de Puntos para Identificar la Estructura de Agrupamiento) un ejemplo notable. OPTICS caracteriza grupos basándose en densidades locales e identifica puntos de datos que definen la estructura jerárquica de agrupamiento. Al producir un gráfico de alcanzabilidad, OPTICS permite la exploración de grupos con densidades y formas variables. Es resistente al ruido y capaz de manejar grupos con formas irregulares y densidades variables. Sin embargo, OPTICS puede necesitar ayuda con datos de alta dimensionalidad y requiere una sintonización cuidadosa de parámetros.

Evaluar los resultados del agrupamiento es una tarea no trivial que requiere etiquetas de referencia claras. Las métricas de validación interna, como la puntuación de la silueta y el índice Davies-Bouldin, miden la cohesión dentro y la separación entre grupos. Las métricas de validación externa, como el índice de Rand ajustado y la información mutua normalizada, comparan los resultados del agrupamiento con etiquetas conocidas de referencia cuando están disponibles. Sin embargo, elegir una métrica apropiada depende de la naturaleza de los datos y los objetivos de agrupamiento.

Los algoritmos de agrupamiento desempeñan un papel fundamental en diversos campos y aplicaciones. En la segmentación de clientes, las empresas utilizan el agrupamiento para agrupar a los clientes con comportamientos, preferencias o patrones de compra similares. Esta información es valiosa para el marketing dirigido, recomendaciones personalizadas y comprensión de segmentos de clientes. En biología, el agrupamiento se emplea para el análisis de la expresión génica, agrupando genes con perfiles de expresión similares para descubrir patrones relacionados con procesos biológicos. La detección de anomalías, otra aplicación del agrupamiento, implica identificar patrones inusuales o valores atípicos en los datos, lo cual puede ser crucial para la detección de fraudes en transacciones financieras o la detección de fallas en procesos industriales.

Si bien los algoritmos de agrupamiento ofrecen herramientas potentes para la exploración de datos y la detección de patrones, enfrentan desafíos y consideraciones. La elección de un algoritmo apropiado depende de las características de los datos, las formas deseadas de los grupos y los recursos computacionales disponibles. La sensibilidad a las condiciones iniciales, la escalabilidad, el manejo del ruido y los valores atípicos, y la capacidad para descubrir grupos de formas variables son factores críticos en la selección del algoritmo. Además, la interpretabilidad de los resultados del agrupamiento y la validación de los grupos siguen siendo desafíos continuos, especialmente en espacios de alta dimensionalidad.

Las consideraciones éticas en los algoritmos de agrupamiento giran en torno a problemas como el sesgo y la equidad. Si los datos utilizados para el agrupamiento contienen sesgos, el algoritmo puede perpetuar o amplificar estos sesgos en sus resultados de agrupamiento. Esto es especialmente pertinente cuando se agrupan datos relacionados con humanos, donde la equidad y la igualdad son esenciales. El preprocesamiento cuidadoso, la conciencia de sesgos potenciales y la monitorización continua de los resultados del agrupamiento son pasos cruciales para abordar estas preocupaciones éticas.

En conclusión, los algoritmos de agrupamiento representan un conjunto diverso y esencial de herramientas en el aprendizaje automático, proporcionando ideas valiosas sobre las estructuras y patrones intrínsecos dentro de los datos. Desde métodos tradicionales como K-means y el agrupamiento jerárquico hasta técnicas más avanzadas como el agrupamiento espectral y enfoques basados en densidad, la elección del algoritmo depende de la naturaleza de los datos y los objetivos específicos del análisis. El agrupamiento encuentra aplicaciones en diversos campos, impactando industrias como el marketing, la biología, las finanzas y la detección de anomalías. Aunque persisten desafíos en la selección de algoritmos, la interpretabilidad y las consideraciones éticas, los algoritmos de agrupamiento continúan evolucionando y contribuyendo de manera significativa al aprendizaje automático no supervisado.

CAPÍTULO VII

Machine Learning en Acción

Estudios de Caso y Aplicaciones del Mundo Real

Los estudios de caso y las aplicaciones del mundo real del aprendizaje automático (ML) muestran el impacto transformador de esta tecnología en diversas industrias, resolviendo problemas complejos, mejorando la eficiencia y estimulando la innovación. Una aplicación destacada se encuentra en el ámbito de la salud, donde el ML revoluciona diagnósticos, planificación de tratamientos y atención al paciente. Por ejemplo, en la imagen médica, los algoritmos de ML detectan anomalías en radiografías, resonancias magnéticas y tomografías computarizadas, ayudando a los radiólogos a realizar diagnósticos más precisos y oportunos. Además, los modelos predictivos basados en datos de pacientes contribuyen a planes de tratamiento personalizados e identifican posibles riesgos para la salud, llevando a estrategias de atención médica más proactivas y preventivas.

Los algoritmos de ML son cruciales en la detección de fraudes, la gestión de riesgos y el trading algorítmico en la industria financiera. Los modelos de detección de fraudes aprovechan patrones y anomalías en los datos de transacciones para identificar actividades potencialmente fraudulentas en tiempo real. Esto protege a las instituciones financieras y a sus clientes, y asegura la integridad del sistema financiero. Los modelos de gestión de riesgos utilizan ML para analizar conjuntos de datos extensos, proporcionando información sobre tendencias del mercado, optimización de carteras y riesgos potenciales. El trading algorítmico, impulsado por el ML, permite la toma de decisiones automatizada basada en datos del mercado en tiempo real, optimizando estrategias de trading y ejecución.

El comercio electrónico y las plataformas en línea aprovechan el ML para mejorar la experiencia del usuario, los sistemas de recomendación y el marketing personalizado. Los algoritmos de recomendación analizan el comportamiento y las preferencias del usuario, sugiriendo productos, películas o contenido adaptado a gustos individuales. Esto aumenta la satisfacción del cliente y contribuye a un mayor compromiso y ventas. Además, los modelos de ML en el comercio electrónico optimizan estrategias de precios, gestión de inventarios y logística de la cadena de suministro, asegurando que las empresas operen de manera eficiente y se adapten a condiciones de mercado dinámicas.

En vehículos autónomos y transporte, el ML es una fuerza impulsora detrás de avances en automóviles autónomos, mantenimiento predictivo y gestión del tráfico. Los modelos de ML procesan grandes cantidades de datos de sensores, cámaras y otras fuentes para navegar vehículos de manera segura y eficiente. Los algoritmos de mantenimiento predictivo analizan datos de sensores del vehículo para anticipar problemas potenciales, permitiendo un mantenimiento proactivo y minimizando el tiempo de inactividad. El ML también contribuye a la gestión inteligente del tráfico, optimizando el flujo de tráfico y reduciendo la congestión basándose en datos en tiempo real y análisis predictivo.

Las industrias manufactureras se benefician significativamente de las aplicaciones de ML en el mantenimiento predictivo, el control de calidad y la optimización de la cadena de suministro. Los modelos de mantenimiento predictivo analizan datos de sensores de maquinaria para prever fallos en los equipos antes de que ocurran, reduciendo el tiempo de inactividad y los costos de mantenimiento. Los sistemas de control de calidad impulsados por ML identifican defectos en tiempo real durante la fabricación, asegurando una alta calidad del producto. Además, el ML mejora la eficiencia de la cadena de suministro mediante la optimización de la gestión de inventarios, la previsión de la demanda y la logística, contribuyendo a operaciones más eficientes y ahorros de costos.

Los modelos de ML han avanzado notablemente en el procesamiento del lenguaje natural (NLP) y la traducción de idiomas. Servicios de traducción como Google Translate utilizan modelos de aprendizaje profundo para entender y generar traducciones precisas en varios idiomas. Los algoritmos de NLP impulsan asistentes virtuales, chatbots y análisis de sentimientos, transformando la forma en que los humanos interactúan con la tecnología. Estas aplicaciones se han vuelto integrales para el servicio al cliente, la recuperación de información y la comunicación en diversas industrias.

Los esfuerzos de monitoreo ambiental y conservación también aprovechan el ML para el análisis de datos, el seguimiento de especies y la modelización ecológica. Los modelos de ML procesan imágenes de satélite, datos de sensores y observaciones de campo para monitorear cambios ambientales, rastrear especies en peligro de extinción y predecir tendencias ecológicas. Esta tecnología ayuda a tomar decisiones informadas para la conservación y la gestión sostenible de recursos, contribuyendo a preservar la biodiversidad y los ecosistemas.

El ML desempeña un papel fundamental en ciberseguridad en la detección de amenazas, la detección de anomalías y la prevención de fraudes. Los modelos de ML analizan patrones de tráfico de red, comportamiento del usuario y registros del sistema para identificar actividades inusuales que puedan indicar amenazas o violaciones de seguridad. Estas medidas proactivas ayudan a las organizaciones a mantenerse al tanto de las amenazas cibernéticas en evolución, proteger datos sensibles y mantener la integridad de la infraestructura digital.

La educación y las plataformas de aprendizaje personalizado aprovechan el ML para adaptar el contenido educativo a las necesidades individuales de los estudiantes. Los sistemas de aprendizaje adaptativo analizan los datos de rendimiento de los estudiantes, identifican fortalezas y debilidades, y adaptan materiales educativos para optimizar la experiencia de aprendizaje. Estas aplicaciones mejoran la participación, la retención y el éxito académico general al proporcionar trayectorias de aprendizaje personalizadas y adaptables.

Las aplicaciones del ML en el mundo real se extienden a diversos sectores, incluida la agricultura, donde el análisis predictivo y los datos de sensores contribuyen a la agricultura de precisión, optimizando los rendimientos de los cultivos y la utilización de recursos. El ML también está haciendo contribuciones significativas a la gestión de energía, prediciendo fallos de equipos en plantas de energía, optimizando el consumo de energía y facilitando la integración de fuentes de energía renovable en la red. Si bien el impacto del ML en estas aplicaciones es sustancial, persisten desafíos y consideraciones éticas. Problemas relacionados con el sesgo del algoritmo, la privacidad de los datos y el uso responsable de las tecnologías de IA son áreas activas de investigación y desarrollo. Asegurar la equidad, la transparencia y la responsabilidad en los sistemas de ML sigue siendo crucial para construir confianza y fomentar prácticas de IA responsables.

En conclusión, los estudios de caso y las aplicaciones del mundo real del aprendizaje automático subrayan el impacto profundo de esta tecnología en diversas industrias. Desde la salud y las finanzas hasta el comercio electrónico, el transporte y la conservación del medio ambiente, el ML impulsa la innovación, mejora la eficiencia y resuelve problemas complejos. A medida que avanza la tecnología, la sinergia entre el aprendizaje automático y las aplicaciones del mundo real promete un futuro en el que los sistemas inteligentes contribuyan a cambios positivos y transformadores en diversas facetas de nuestras vidas.

Historias de Éxito

Las historias de éxito del aprendizaje automático (ML) abundan en diversas industrias, mostrando el potencial transformador de esta tecnología para resolver problemas complejos e impulsar la innovación. En el ámbito de la salud, destaca el éxito del proyecto DeepMind de Google en el uso del ML para el análisis de imágenes médicas. DeepMind desarrolló un algoritmo que superó a los radiólogos humanos en la detección de enfermedades oculares a partir de escaneos de retina. Este avance no solo demostró la capacidad del ML para mejorar la precisión diagnóstica, sino que también resaltó su potencial para ayudar a los profesionales de la salud a gestionar la atención al paciente de manera más efectiva.

Otra historia de éxito notable se encuentra en las finanzas, donde Renaissance Technologies, un fondo de cobertura, ha aprovechado algoritmos de ML para el comercio cuantitativo. El fondo insignia de Renaissance, el Medallion Fund, ha superado consistentemente las estrategias de inversión tradicionales mediante el empleo de modelos avanzados de ML para analizar datos de mercado y tomar decisiones de comercio de alta frecuencia. Este éxito subraya el impacto del ML en la industria financiera, donde el comercio algorítmico se ha convertido en una aplicación destacada.

En el ámbito del comercio electrónico, el sistema de recomendaciones de Amazon es una historia de éxito emblemática de las aplicaciones de ML. El gigante del comercio electrónico emplea algoritmos avanzados de recomendación que analizan el comportamiento del usuario, el historial de compras y los patrones de navegación para ofrecer recomendaciones de productos personalizadas. Este enfoque impulsado por ML contribuye significativamente al modelo de negocio de Amazon, mejorando la experiencia del cliente, aumentando la participación del usuario y generando ventas.

Los vehículos autónomos representan otro ámbito donde el ML ha demostrado un éxito notable. Waymo, una subsidiaria de Alphabet Inc. (la empresa matriz de Google), ha sido pionera en el desarrollo de tecnología de automóviles autónomos. Los vehículos autónomos de Waymo utilizan algoritmos de ML para procesar datos en tiempo real de sensores, cámaras y sistemas lidar, lo que les permite navegar de manera segura en entornos urbanos complejos. El éxito de Waymo muestra el potencial del ML para revolucionar el transporte y dar forma al futuro de la movilidad.

En el sector manufacturero, General Electric (GE) ha tenido éxito al implementar ML para el mantenimiento predictivo. La plataforma Predix de GE utiliza modelos de ML para analizar datos de sensores integrados en equipos industriales. Al predecir posibles fallas de equipos antes de que ocurran, los clientes de GE pueden realizar un mantenimiento proactivo, reducir el tiempo de inactividad y optimizar la eficiencia operativa. Esta historia de éxito destaca el impacto transformador del ML en entornos industriales, mejorando la confiabilidad y reduciendo los costos de mantenimiento.

La traducción de idiomas ha experimentado avances significativos a través de aplicaciones de ML. El servicio de traducción de Google emplea la traducción automática neuronal, una forma de aprendizaje profundo, para proporcionar traducciones precisas y contextualmente conscientes en varios idiomas. El éxito de Google Translate muestra cómo el ML puede superar las barreras del idioma, facilitando la comunicación y el acceso a la información a escala global.

En el ámbito del entretenimiento y la creación de contenido, Netflix ha aprovechado el poder del ML para revolucionar la forma en que se recomienda el contenido a los usuarios. El algoritmo de recomendación de Netflix analiza las preferencias del usuario, el historial de visualización y las calificaciones de contenido para sugerir recomendaciones personalizadas de películas y programas de televisión. Este enfoque impulsado por ML mejora la satisfacción del usuario, aumenta la participación del espectador y contribuye al éxito de la plataforma en el competitivo mercado de transmisión.

El ML también ha realizado contribuciones significativas al campo de la astronomía. La historia de éxito del proyecto Zooniverse, específicamente la iniciativa Galaxy Zoo, implica aprovechar la ciencia ciudadana y el ML para clasificar galaxias. La combinación de intuición humana y algoritmos de ML permitió el análisis eficiente de vastos conjuntos de datos astronómicos, contribuyendo a la comprensión de las morfologías y estructuras galácticas.

En agricultura, el éxito de la agricultura de precisión de John Deere ejemplifica el impacto del ML en la optimización de los rendimientos de los cultivos. John Deere utiliza algoritmos de ML para analizar datos de sensores, satélites y equipos agrícolas para proporcionar información sobre la salud del suelo, el crecimiento de los cultivos y la utilización de recursos. Este enfoque impulsado por datos capacita a los agricultores para tomar decisiones informadas, maximizar la productividad y minimizar el impacto ambiental.

Los casos de éxito en ML también se extienden al ámbito de la investigación en salud. Watson for Oncology de IBM es un ejemplo de la aplicación de ML para ayudar a los oncólogos a proporcionar recomendaciones de tratamiento personalizado para el cáncer. Al analizar grandes cantidades de literatura médica, datos de ensayos clínicos y registros de pacientes, Watson for Oncology ayuda a los oncólogos a mantenerse al tanto de las últimas investigaciones y adaptar planes de tratamiento según los perfiles individuales de los pacientes.

En el ámbito del servicio al cliente y los asistentes virtuales, el éxito de los chatbots impulsados por ML es evidente. Empresas como Google, Microsoft y Facebook han desarrollado chatbots avanzados que utilizan procesamiento del lenguaje natural y aprendizaje automático para entender las consultas de los usuarios y proporcionar respuestas relevantes. Estos chatbots agilizan las interacciones con los clientes, mejoran las experiencias de los usuarios y contribuyen a la eficiencia de las operaciones de soporte al cliente.

Los casos de éxito en ML no se limitan a emprendimientos corporativos. Kaggle, una plataforma para competiciones de ciencia de datos, ha sido fundamental para avanzar en el campo mediante la resolución colaborativa de problemas. Profesionales y científicos de datos de ML de todo el mundo participan en competiciones de Kaggle, abordando desafíos que van desde el reconocimiento de imágenes hasta el procesamiento del lenguaje natural. Estos esfuerzos combinados demuestran el potencial del ML para abordar problemas del mundo real a través de la inteligencia colectiva de una comunidad global.

Si bien estos casos de éxito destacan el impacto positivo del ML, es esencial reconocer los desafíos y consideraciones éticas asociadas con su implementación. Problemas como el sesgo en los algoritmos, la privacidad de los datos y el uso responsable de las tecnologías de IA requieren atención y escrutinio continuos. A medida que el ML continúa evolucionando, equilibrar la innovación con consideraciones éticas sigue siendo crucial para garantizar el desarrollo responsable y equitativo de esta tecnología transformadora.

En conclusión, los casos de éxito del aprendizaje automático abarcan diversas industrias, ilustrando el impacto profundo que esta tecnología tiene en la resolución de problemas complejos, la innovación y la transformación de prácticas tradicionales. Desde la salud y las finanzas hasta el comercio electrónico, el transporte y más allá, el ML ha demostrado su potencial para mejorar la eficiencia, la precisión y la toma de decisiones en diversas aplicaciones. A medida que el campo continúa avanzando, la integración del aprendizaje automático en diferentes ámbitos promete remodelar industrias y allanar el camino hacia un futuro donde los sistemas inteligentes contribuyan positivamente a la sociedad.

Desafíos Comunes y Soluciones

El aprendizaje automático (ML) ha experimentado un crecimiento y adopción tremendos en diversas industrias, pero enfrenta desafíos. Un desafío común en ML es el problema de la calidad de los datos. El rendimiento de los modelos de ML depende en gran medida de la calidad, cantidad y representatividad de los datos de entrenamiento. Datos inexactos, incompletos o sesgados pueden llevar a modelos subóptimos que no generalizan bien a datos no vistos. Garantizar datos de entrenamiento de alta calidad implica un exhaustivo preprocesamiento, limpieza y validación de datos para abordar inconsistencias y sesgos.

Otro desafío significativo en ML es la interpretabilidad de los modelos. Muchos algoritmos de ML, especialmente los complejos como las redes neuronales profundas, operan como modelos "caja negra", lo que dificulta entender cómo llegan a predicciones específicas. Esta falta de interpretabilidad puede ser una preocupación, especialmente en aplicaciones críticas como la salud o las finanzas, donde entender la lógica detrás de la decisión de un modelo es esencial. Abordar este desafío requiere el desarrollo de modelos de ML interpretables, el uso de técnicas de explicabilidad y esfuerzos continuos para mejorar la transparencia del modelo.

El problema del sobreajuste es un desafío persistente en ML, especialmente al tratar con modelos complejos y conjuntos de datos limitados. El sobreajuste ocurre cuando un modelo aprende demasiado bien los datos de entrenamiento, capturando ruido y valores atípicos en lugar de los patrones subyacentes. Esto lleva a un rendimiento deficiente en generalización en datos nuevos y no vistos. Técnicas de regularización, validación cruzada y el aumento del tamaño y diversidad del conjunto de datos de entrenamiento son estrategias comunes para mitigar el sobreajuste y mejorar la generalización del modelo.

La escalabilidad es un desafío que surge a medida que las aplicaciones de ML crecen en complejidad y aumenta el volumen de datos. Entrenar modelos grandes en conjuntos de datos extensos requiere recursos computacionales significativos. Los problemas de escalabilidad pueden obstaculizar la implementación de soluciones de ML, especialmente para aplicaciones en tiempo real o aquellas que requieren toma de decisiones rápida. La computación distribuida, el procesamiento paralelo y soluciones basadas en la nube se emplean para abordar los desafíos de escalabilidad y garantizar el entrenamiento y despliegue eficientes de los modelos de ML.

Un desafío persistente en ML es la presencia de sesgo en los modelos, que puede dar lugar a resultados injustos o discriminatorios. El sesgo puede surgir de datos de entrenamiento sesgados, representaciones sesgadas de ciertos grupos o sesgos inherentes en la arquitectura del modelo. Consideraciones éticas demandan abordar el sesgo en ML para garantizar que los modelos sean justos y no sesgados, y no perpetúen o amplifiquen desigualdades sociales existentes. Técnicas como el aprendizaje consciente de la equidad, la detección de sesgos y la cuidadosa curación de conjuntos de datos diversos y representativos son esenciales para mitigar el sesgo en los modelos de ML.

La interpretabilidad de los modelos de ML está estrechamente vinculada a otro desafío conocido como la naturaleza de "caja negra" de algoritmos específicos, como las redes neuronales intensas. Si bien estos modelos sobresalen en el aprendizaje de patrones complejos, puede ser necesario que sus funcionamientos internos sean más fácilmente interpretables, lo que dificulta confiar y explicar sus decisiones. Las soluciones a este desafío incluyen el desarrollo de métodos de explicabilidad, como LIME (Explicaciones Locales de Modelos Interpretables Agnósticos) y SHAP (Explicaciones Aditivas de Shapley), que buscan proporcionar información sobre las predicciones del modelo a nivel de instancia.

Insuficiencia de experiencia en el dominio entre los practicantes de ML puede plantear un desafío, especialmente al aplicar ML a problemas especializados o específicos del dominio. Los algoritmos de ML a menudo requieren una comprensión profunda del dominio subyacente para definir características relevantes, interpretar las salidas del modelo y garantizar la alineación de las soluciones de ML con los requisitos del mundo real. Las colaboraciones entre expertos en ML y especialistas en el dominio son cruciales para cerrar esta brecha y desarrollar soluciones de ML efectivas que aborden desafíos específicos del dominio.

La implementación de modelos de ML en aplicaciones del mundo real plantea su propio conjunto de desafíos. La implementación del modelo implica integrar sistemas existentes, escalabilidad y mantener el rendimiento del modelo con el tiempo. Las prácticas de DevOps, el monitoreo continuo y los bucles de retroalimentación son esenciales para el despliegue exitoso del modelo. La naturaleza dinámica de los datos del mundo real puede llevar a la deriva de conceptos, donde los patrones subyacentes en los datos cambian con el tiempo. Abordar la deriva de conceptos requiere monitoreo continuo del modelo, adaptación y técnicas como el aprendizaje en línea para adaptarse a los cambios en la distribución de los datos.

Las preocupaciones de seguridad en los sistemas de ML abarcan la vulnerabilidad de los modelos a ataques adversarios, violaciones de datos y acceso no autorizado. Los ataques hostiles implican manipular intencionalmente los datos de entrada para engañar al modelo e inducir predicciones incorrectas. La robustez contra ataques maliciosos requiere el desarrollo de modelos de ML seguros y resistentes, incorporando técnicas como el entrenamiento negativo y el endurecimiento del modelo. Además, salvaguardar datos sensibles en los modelos de ML es crucial para prevenir violaciones de privacidad y cumplir con las regulaciones de protección de datos.

La interoperabilidad es un desafío al integrar soluciones de ML en sistemas y flujos de trabajo existentes. Los modelos de ML a menudo deben interactuar con diversas fuentes de datos, plataformas y lenguajes de programación. Garantizar una interoperabilidad sin problemas implica estandarizar los formatos de datos, utilizar marcos aceptados por la industria y adoptar las mejores prácticas de integración. Este desafío es particularmente relevante a medida que las organizaciones buscan implementar modelos de ML dentro de sus infraestructuras sin interrumpir los procesos establecidos.

La necesidad de métricas de evaluación estandarizadas para ciertos tipos de aplicaciones de ML, como el procesamiento del lenguaje natural o la generación de imágenes, plantea un desafío en la evaluación objetiva del rendimiento del modelo. La falta de benchmarks universalmente aceptados puede llevar a prácticas de evaluación inconsistentes y obstaculizar las comparaciones entre diferentes modelos. El desarrollo de protocolos de evaluación estandarizados, conjuntos de datos compartidos y la colaboración dentro de la comunidad de investigación son fundamentales para abordar este desafío y promover la investigación transparente y reproducible en ML.

En conclusión, aunque el aprendizaje automático ha experimentado un tremendo éxito y adopción, no está exento de desafíos. La calidad de los datos, la interpretabilidad del modelo, el sobreajuste, la escalabilidad, el sesgo, la experiencia en el dominio, los problemas de implementación, las preocupaciones de seguridad, la interoperabilidad y las métricas de evaluación estandarizadas son algunos de los desafíos comunes enfrentados en el campo. Abordar estos desafíos requiere un enfoque multidisciplinario que involucre la colaboración entre expertos en ML, especialistas en el dominio y partes interesadas. A medida que el campo continúa evolucionando, la investigación continua, la innovación y las consideraciones éticas son cruciales para superar estos desafíos y desbloquear todo el potencial del aprendizaje automático en diversas aplicaciones.

CAPÍTULO VIII

Consideraciones éticas en el aprendizaje automático

Sesgo y equidad

El sesgo y la equidad en el aprendizaje automático (ML) han surgido como consideraciones críticas, reflejando las implicaciones éticas de implementar algoritmos que pueden afectar a individuos y comunidades. El sesgo en el ML se refiere a errores sistemáticos e injustos en las predicciones del modelo, a menudo derivados de datos de entrenamiento, características o algoritmos sesgados. La equidad, por otro lado, implica garantizar un trato y resultados equitativos para todos los individuos, independientemente de características demográficas como raza, género o estatus socioeconómico. Abordar el sesgo y promover la equidad en el ML es esencial para prevenir prácticas discriminatorias, mantener estándares éticos y generar confianza en la implementación de tecnologías de inteligencia artificial.

Una fuente principal de sesgo en el ML proviene de datos de entrenamiento sesgados. Si los datos de entrenamiento utilizados para desarrollar modelos de ML no son representativos o contienen sesgos históricos, el modelo puede perpetuar y amplificar estos sesgos en sus predicciones. Por ejemplo, si un sistema de reconocimiento facial se entrena con un conjunto de datos que incluye predominantemente imágenes de personas de piel más clara, puede tener un rendimiento deficiente en caras de tonos de piel más oscuros, lo que lleva a resultados injustos. Para mitigar este sesgo, es crucial la curación de conjuntos de datos diversos y representativos que abarquen una amplia gama de características demográficas y contextos sociales.

Las características sesgadas dentro del conjunto de datos también pueden contribuir al sesgo en los modelos de ML. Si ciertas características se correlacionan con atributos protegidos, como raza o género, el modelo puede aprender e reforzar estas asociaciones de manera inadvertida. Por ejemplo, si un modelo de contratación se entrena con datos históricos que reflejan sesgos de género en decisiones de contratación, el modelo puede perpetuar disparidades basadas en el género en sus recomendaciones. Abordar características sesgadas implica una selección cuidadosa de características, preprocesamiento y consideración de las implicaciones éticas de usar atributos específicos en el desarrollo del modelo.

Los algoritmos en sí mismos pueden introducir sesgo, especialmente en casos donde el diseño u objetivos de optimización del modelo priorizan inadvertidamente ciertos grupos sobre otros. Por ejemplo, si un modelo de aprobación de préstamos se optimiza únicamente para la precisión sin considerar la equidad, puede aprobar desproporcionadamente préstamos para un grupo demográfico mientras los niega para otro. Los algoritmos conscientes de la equidad buscan incorporar mecanismos que mitiguen impactos dispares en diferentes grupos, asegurando que las predicciones del modelo sean equitativas en diversas demografías.

La equidad en el aprendizaje automático (ML) se categoriza a menudo en nociones como equidad individual, equidad grupal e impacto dispar. La equidad individual sugiere que individuos similares deberían recibir predicciones similares, independientemente de sus características demográficas. La equidad grupal asegura resultados equitativos para diferentes grupos, con el objetivo de prevenir la discriminación contra grupos específicos. El impacto dispar evalúa si las predicciones del modelo conducen a resultados diferentes para otros grupos, considerando los efectos adversos en atributos protegidos.

Mitigar el sesgo y promover la equidad requiere una combinación de intervenciones técnicas, procedimentales y éticas. Prácticas transparentes en el desarrollo del modelo, documentación de fuentes de datos y apertura sobre posibles sesgos son pasos esenciales para promover la responsabilidad. Además, involucrar a diversos interesados, incluidos éticos, expertos en el dominio y personas afectadas por la tecnología, en el diseño y la evaluación de sistemas de ML puede proporcionar perspectivas e ideas valiosas.

La auditoría algorítmica, que implica evaluar sistemáticamente y mitigar el sesgo en los modelos de ML, está ganando protagonismo como herramienta para promover la equidad. Los procesos de auditoría implican examinar los datos de entrenamiento, evaluar el rendimiento del modelo en diferentes grupos demográficos e identificar y abordar fuentes de sesgo. Este proceso iterativo requiere monitoreo continuo y ajuste para garantizar que el modelo permanezca equitativo e imparcial en entornos dinámicos.

Las consideraciones éticas en el ML se extienden más allá de los aspectos técnicos para abarcar el impacto societal más amplio de las decisiones algorítmicas. El consentimiento informado, la transparencia en los procesos de toma de decisiones y el derecho a apelar decisiones algorítmicas son elementos esenciales para la implementación ética de la inteligencia artificial. Las personas afectadas por los modelos de ML deberían poder entender cómo se toman las decisiones y desafiar los resultados que perciben como injustos o discriminatorios.

Los marcos legales y las regulaciones reconocen cada vez más la importancia de abordar el sesgo y promover la equidad en los sistemas de inteligencia artificial. Iniciativas como el Reglamento General de Protección de Datos (GDPR) en Europa incluyen disposiciones que permiten a las personas cuestionar y buscar explicaciones para las decisiones algorítmicas que las afectan. Los esfuerzos regulatorios buscan responsabilizar a las organizaciones por el uso ético y justo de las tecnologías de inteligencia artificial, fomentando prácticas responsables en el desarrollo e implementación de modelos de ML.

Investigadores y profesionales en el campo del ML trabajan activamente en el desarrollo de técnicas y marcos para mejorar la equidad y mitigar el sesgo. Algoritmos de aprendizaje automático conscientes de la equidad, entrenamiento adversario para mejorar la robustez contra sesgos y métodos de interpretabilidad para entender y explicar las decisiones del modelo son avances para abordar estos desafíos. La colaboración entre la academia, la industria y los responsables políticos es crucial para fomentar un enfoque integral y práctico hacia el sesgo y la equidad en el ML.

Aunque se han logrado avances significativos, persisten desafíos para lograr sistemas de ML imparciales y equitativos. La naturaleza dinámica de los datos, las normas societales en evolución y la compleja interacción de factores que contribuyen al sesgo hacen que sea un desafío continuo y multifacético. La investigación continua, la colaboración interdisciplinaria y el compromiso con prácticas éticas son esenciales para abordar estos desafíos y garantizar que las tecnologías de ML contribuyan de manera positiva a la sociedad al tiempo que defienden principios de equidad y justicia.

Transparencia y responsabilidad en el aprendizaje automático (ML) son fundamentales para garantizar el desarrollo ético y responsable, la implementación y el uso de tecnologías de inteligencia artificial (IA). La transparencia se refiere a la apertura y claridad en los procesos de toma de decisiones de los modelos de ML, permitiendo a los usuarios e interesados entender cómo se generan las predicciones. La responsabilidad implica hacer que individuos, organizaciones y sistemas sean responsables de las consecuencias de los modelos de ML, asegurando que se prioricen consideraciones éticas y abordando cualquier impacto adverso que pueda surgir. Tanto la transparencia como la responsabilidad generan confianza en los sistemas de ML, fomentan prácticas éticas de IA y mitigan los riesgos potenciales asociados con la toma de decisiones algorítmicas.

La transparencia en ML es esencial por varias razones. En primer lugar, permite a los usuarios e individuos afectados comprender los factores que influyen en las predicciones del modelo. Cuando los modelos de ML funcionan como "cajas negras", es decir, cuando su funcionamiento interno no es fácilmente comprensible, puede generar escepticismo, desconfianza y preocupaciones sobre la equidad y la imparcialidad de sus decisiones. Proporcionar transparencia ayuda a desmitificar el proceso de toma de decisiones, capacitando a los usuarios para evaluar la confiabilidad y la equidad del sistema.

Un aspecto de la transparencia es la interpretabilidad, que implica hacer que los modelos de ML sean más comprensibles e interpretables para los humanos. Los modelos interpretables son cruciales, especialmente en aplicaciones donde las consecuencias de las decisiones son significativas, como en el ámbito de la salud o las finanzas. Técnicas como el análisis de importancia de características, los métodos de interpretabilidad agnósticos del modelo y los marcos de IA explicables (XAI) tienen como objetivo arrojar luz sobre los factores que influyen en las predicciones de un modelo, permitiendo a los interesados entender la lógica detrás de las decisiones.

Además, la transparencia contribuye a la responsabilidad al establecer una clara visión en la toma de decisiones. Los mecanismos de responsabilidad se pueden implementar de manera más efectiva cuando los interesados, incluidos los desarrolladores, los reguladores y los usuarios finales, tienen visibilidad sobre cómo se entrenan los modelos de ML, los datos que utilizan y las características que priorizan. Los sistemas transparentes permiten auditorías externas, escrutinio y evaluaciones para garantizar que los modelos se adhieran a estándares éticos y requisitos legales.

Asegurar la responsabilidad en ML es crucial para abordar los posibles impactos y riesgos sociales asociados con la toma de decisiones algorítmicas. Los mecanismos de responsabilidad hacen que individuos y organizaciones sean responsables de las consecuencias de implementar modelos de ML, especialmente cuando estas consecuencias tienen implicaciones éticas o discriminatorias. La responsabilidad incluye ser responsable de las decisiones tomadas durante el diseño e implementación de sistemas de ML y de las acciones tomadas para corregir cualquier deficiencia o consecuencia no deseada.

Uno de los aspectos clave de la responsabilidad es la consideración ética en el desarrollo e implementación de modelos de aprendizaje automático (ML). Las organizaciones y los desarrolladores son responsables de tomar decisiones éticas en cada etapa del ciclo de vida del ML, desde la recopilación de datos y el entrenamiento del modelo hasta la implementación y el monitoreo continuo. Las consideraciones éticas incluyen evitar sesgos, garantizar la privacidad y la protección de datos, y dar prioridad a la equidad y la transparencia en la toma de decisiones. Las organizaciones deben asumir la responsabilidad de los impactos sociales de sus tecnologías de inteligencia artificial (IA) y trabajar activamente para minimizar cualquier consecuencia negativa.

Los marcos legales y regulatorios también desempeñan un papel vital para garantizar la responsabilidad en el ML. Muchas jurisdicciones están desarrollando o actualizando regulaciones para abordar el uso ético de las tecnologías de IA. Estas regulaciones pueden incluir requisitos de transparencia, responsabilidad y explicabilidad en los sistemas de IA. Las organizaciones deben cumplir con estas regulaciones, incluyendo disposiciones para explicar decisiones algorítmicas, obtener consentimiento informado y prevenir prácticas discriminatorias.

Las auditorías algorítmicas y las evaluaciones de impacto garantizan la responsabilidad y mitigan los riesgos asociados con los sistemas de ML. Las auditorías regulares de modelos de ML implican evaluar su rendimiento, equidad y adhesión a pautas éticas. Las evaluaciones de impacto evalúan las posibles consecuencias sociales de implementar modelos de ML, ayudando a identificar y abordar posibles sesgos o consecuencias no deseadas que puedan surgir. Estas evaluaciones contribuyen a la mejora continua y la responsabilidad en el desarrollo e implementación de tecnologías de IA.

Aunque la transparencia y la responsabilidad son fundamentales, existen desafíos en su implementación práctica. Lograr transparencia en modelos complejos, como las redes neuronales profundas, sin sacrificar el rendimiento sigue siendo un desafío de investigación. Encontrar un equilibrio entre proporcionar suficiente transparencia y proteger la información propietaria también es una consideración, especialmente para las empresas en entornos competitivos. Garantizar la responsabilidad requiere mecanismos precisos para identificar a las partes responsables y definir sus obligaciones, que pueden variar entre los diferentes interesados involucrados en el ecosistema de ML.

Promover la transparencia y la responsabilidad en el ML requiere un esfuerzo colaborativo que involucre a investigadores, desarrolladores, responsables políticos y usuarios finales. Estándares industriales, mejores prácticas y pautas para la IA ética pueden contribuir a una comprensión compartida de las expectativas de transparencia y responsabilidad. El diálogo abierto y la participación con los interesados, incluido el público, pueden proporcionar información valiosa sobre las preocupaciones éticas y las preferencias en torno a las tecnologías de IA.

En conclusión, la transparencia y la responsabilidad son fundamentales para desarrollar e implementar sistemas de ML. La transparencia asegura que los procesos de toma de decisiones de los modelos de ML sean comprensibles e interpretables, fomentando la confianza y mitigando las preocupaciones sobre sesgos y equidad. Los mecanismos de responsabilidad hacen que individuos y organizaciones sean responsables de las implicaciones éticas y los impactos sociales de las tecnologías de IA, promoviendo prácticas responsables y el cumplimiento de marcos legales y regulatorios. A medida que el campo de ML continúa evolucionando, el compromiso con la transparencia y la responsabilidad es esencial para construir confianza, abordar preocupaciones éticas y desbloquear todo el potencial de las tecnologías de IA en beneficio de la sociedad.

Preocupaciones sobre la privacidad

Las preocupaciones sobre la privacidad en el aprendizaje automático (ML) se han vuelto cada vez más prominentes a medida que la adopción generalizada de tecnologías de inteligencia artificial plantea preguntas sobre la recopilación, procesamiento y uso de datos personales. Los modelos de ML a menudo dependen de datos extensos para aprender patrones y realizar predicciones. La naturaleza de estos datos, que pueden incluir información sensible, da lugar a consideraciones de privacidad significativas. Una preocupación principal es el potencial de divulgación no intencional de detalles personales durante el entrenamiento o la implementación de modelos de ML. Si no se manejan con cuidado, los modelos pueden memorizar o revelar inadvertidamente información sensible de los datos de entrenamiento, lo que lleva a violaciones de privacidad. Los investigadores y desarrolladores deben adoptar técnicas de preservación de la privacidad, como la privacidad diferencial, el aprendizaje federado y la encriptación homomórfica, para mitigar estos riesgos y asegurarse de que los modelos de ML no comprometan la confidencialidad de la información de las personas.

El uso de datos personales en modelos de ML también plantea preocupaciones sobre el consentimiento del usuario y el control sobre su información. Es posible que las personas deban estar completamente conscientes de cómo se utiliza sus datos en aplicaciones de ML, y obtener un consentimiento informado se vuelve un desafío cuando los datos se utilizan para fines más allá del contexto original de la recopilación. Las prácticas de preservación de la privacidad implican una comunicación transparente con los usuarios sobre el uso de datos, proporcionar mecanismos de consentimiento precisos y permitir a las personas un mayor control sobre sus datos. La implementación de principios de diseño conscientes de la privacidad asegura que los sistemas de ML prioricen la privacidad del usuario y se alineen con estándares éticos.

El riesgo de reidentificación plantea un desafío significativo para la privacidad en aplicaciones de ML, especialmente en el contexto de conjuntos de datos anonimizados. Incluso cuando se eliminan los identificadores personales, adversarios sofisticados pueden utilizar información auxiliar para reidentificar a individuos. Esta amenaza tiene implicaciones para la salud, las finanzas y otros ámbitos donde preservar el anonimato de las personas es crucial. Se emplean técnicas de preservación de la privacidad, incluidos métodos avanzados de anonimización y datos sintéticos, para proteger contra los riesgos de reidentificación y permitir obtener valiosas ideas a partir de los datos.

Los modelos de aprendizaje automático que procesan datos biométricos, como sistemas de reconocimiento facial o de huellas dactilares, introducen consideraciones únicas sobre la privacidad. Estos modelos pueden utilizarse con fines de vigilancia, autenticación o identificación, generando preocupaciones sobre la vigilancia masiva, el seguimiento no autorizado y el posible mal uso de la información biométrica. Abordar estas preocupaciones sobre la privacidad implica establecer regulaciones claras, obtener un consentimiento explícito e implementar medidas de seguridad sólidas para proteger los datos biométricos. Encontrar un equilibrio entre los beneficios de la tecnología biométrica y los posibles riesgos para la privacidad es crucial en la implementación ética de ML en este contexto.

Otra preocupación sobre la privacidad surge en la modelización predictiva, donde los algoritmos de aprendizaje automático (ML) predicen el comportamiento, las preferencias o las condiciones de salud de individuos. Este poder predictivo puede generar temores de perfilado, discriminación y un posible mal uso de predicciones sensibles. Encontrar un equilibrio entre la utilidad de los modelos predictivos y la protección de la privacidad de las personas requiere el desarrollo de algoritmos justos e interpretables, la divulgación transparente de los objetivos del modelo y marcos regulatorios que prevengan prácticas discriminatorias.

La intersección de las tecnologías de ML y el Internet de las cosas (IoT) introduce desafíos adicionales de privacidad. Los dispositivos IoT generan grandes cantidades de datos, a menudo capturando detalles sobre las actividades, ubicaciones y preferencias de los usuarios. Los modelos de ML que procesan estos datos para diversas aplicaciones, como hogares inteligentes o dispositivos portátiles, pueden infringir la privacidad de los usuarios si no se gestionan adecuadamente. Las soluciones de preservación de la privacidad implican la encriptación de datos a nivel de dispositivo, limitar el intercambio de datos y asegurar que los modelos de ML estén diseñados teniendo en cuenta consideraciones de privacidad.

Lidiar con ataques adversarios es un aspecto crucial para abordar las preocupaciones de privacidad en el aprendizaje automático. Los ataques hostiles implican manipular datos de entrada para engañar a los modelos de ML. En el contexto de la privacidad, estos ataques pueden utilizarse para extraer información sensible o inferir detalles sobre individuos a partir de las respuestas del modelo. Las medidas robustas de preservación de la privacidad implican incorporar defensas contra ataques adversarios, mejorar la robustez del modelo implementar medidas proactivas de seguridad para protegerse contra posibles amenazas.

Las consideraciones éticas en torno al uso de ML en análisis social y de comportamiento también contribuyen a las preocupaciones de privacidad. Los modelos de ML que analizan datos de redes sociales, comportamientos en línea o sentimientos pueden intrusivamente ingresar en la vida privada de las personas. Encontrar un equilibrio entre extraer conocimientos valiosos y respetar la privacidad de las personas requiere pautas explícitas, marcos éticos y principios de diseño centrados en el usuario que prioricen la privacidad como un derecho fundamental.

Abordar las preocupaciones de privacidad en el ML no solo es un imperativo ético, sino también un requisito legal en muchas jurisdicciones. Las regulaciones de protección de datos, como el Reglamento General de Protección de Datos (GDPR) en Europa y la Ley de Privacidad del Consumidor de California (CCPA) en Estados Unidos, establecen requisitos estrictos sobre cómo se manejan, procesan y protegen los datos personales. Cumplir con estas regulaciones implica implementar principios de privacidad por diseño, proporcionar información transparente sobre el uso de datos y asegurar que las personas tengan control sobre sus datos.

Investigadores, desarrolladores y legisladores deben trabajar juntos para resolver los problemas de privacidad a medida que avanza la tecnología de aprendizaje automático (ML). Se requiere un enfoque multidisciplinario que considere los aspectos éticos, legales y técnicos de la implementación responsable de modelos de ML. Generar confianza en los sistemas de ML y garantizar sus efectos beneficiosos en la sociedad debe equilibrar la obtención de conocimientos perspicaces a partir de datos y la salvaguarda de la privacidad de las personas. Para lograr este delicado equilibrio y promover un futuro en el que las tecnologías de IA coexistan con sólidas protecciones de privacidad, estrategias de preservación de la privacidad, estándares éticos y marcos legales son esenciales.

CAPÍTULO IX
El Futuro del Aprendizaje Automático

Avances en IA y ML

Los avances en inteligencia artificial (IA) y aprendizaje automático (ML) han llevado a estos campos al frente de la innovación tecnológica, remodelando industrias e influyendo en diversos aspectos de nuestra vida diaria. Un avance significativo es la evolución del aprendizaje profundo, un subcampo de ML que emplea redes neuronales con múltiples capas para analizar y aprender de datos complejos. Esto ha llevado a avances en reconocimiento de imágenes y voz, procesamiento del lenguaje natural y otras áreas. El desarrollo de arquitecturas de redes neuronales más sofisticadas, como las redes neuronales convolucionales (CNN) y las redes neuronales recurrentes (RNN), ha mejorado significativamente el rendimiento de los sistemas de IA, permitiéndoles abordar tareas intrincadas con notable precisión.

Los avances en el aprendizaje por refuerzo, una rama de ML centrada en entrenar agentes para tomar decisiones secuenciales mediante la interacción con un entorno, han impulsado un progreso significativo en áreas como la robótica, los juegos y los sistemas autónomos. Los algoritmos de aprendizaje por refuerzo han logrado un rendimiento sobrehumano en juegos como Go y póker, demostrando su capacidad de adaptación y de aprender estrategias óptimas con el tiempo. En la robótica, estos algoritmos contribuyen al desarrollo de máquinas ágiles y autónomas capaces de navegar e interactuar con el entorno en tiempo real.

La integración de IA y ML en el procesamiento del lenguaje natural (NLP) ha experimentado avances notables, dando lugar al desarrollo de sofisticados chatbots, asistentes virtuales y sistemas de traducción de lenguaje. Los transformadores, una arquitectura novedosa introducida recientemente, han revolucionado el NLP al permitir que modelos como BERT y GPT-3 comprendan y generen texto similar al humano. Estos modelos de lenguaje exhiben una capacidad sin precedentes para comprender el contexto, responder preguntas y desarrollar contenido creativo, marcando un cambio paradigmático en la interacción humano- computadora.

Los avances en IA también han realizado contribuciones significativas a la visión por computadora, permitiendo que las máquinas interpreten y comprendan información visual. Las tecnologías de detección de objetos, segmentación de imágenes y reconocimiento facial han alcanzado nuevas alturas, encontrando aplicaciones en vigilancia, diagnóstico médico y realidad aumentada. Los sistemas impulsados por IA pueden identificar con precisión objetos en imágenes, diagnosticar condiciones médicas a partir de datos visuales y mejorar las experiencias de usuario mediante aplicaciones inmersivas de realidad aumentada.

El aprendizaje por transferencia, una técnica donde modelos preentrenados se adaptan a nuevas tareas con datos limitados, ha surgido como una herramienta poderosa para abordar la escasez de datos en el aprendizaje automático (ML). Esto permite que modelos entrenados en conjuntos de datos grandes para dominios específicos se ajusten para aplicaciones más específicas, facilitando el desarrollo de soluciones efectivas y eficientes con menos datos. El aprendizaje por transferencia ha sido fundamental para acelerar la implementación de modelos de ML en diversas industrias, desde la salud y las finanzas hasta la manufactura y la agricultura.

En modelos generativos, la introducción de redes generativas adversarias (GAN) ha revolucionado la creación de datos y contenido sintético. Las GAN constan de un generador y un discriminador entrenados de manera iterativa, generando datos realistas y de alta calidad. Esto tiene aplicaciones en la ampliación de datos, la creación de contenido artístico e incluso la tecnología deepfake, planteando emocionantes posibilidades y preocupaciones éticas.

Los avances en IA y ML también se han extendido al sector de la salud, donde el modelado predictivo, el diagnóstico de enfermedades y el descubrimiento de medicamentos se benefician de enfoques basados en datos. Los modelos de ML analizan los datos de los pacientes para predecir riesgos de enfermedades, recomendar planes de tratamiento personalizados y contribuir a la detección temprana. En el descubrimiento de medicamentos, la inteligencia artificial acelera la identificación de posibles candidatos mediante el análisis de estructuras moleculares, reduciendo significativamente el tiempo y los costos asociados con el desarrollo de nuevos productos farmacéuticos.

La convergencia de la IA con otras tecnologías emergentes, como el Internet de las cosas (IoT) y la computación en el borde, ha abierto nuevas fronteras en sistemas inteligentes. Los dispositivos IoT impulsados por IA, equipados con sensores y actuadores, permiten el procesamiento inteligente de datos en el borde, minimizando la latencia y optimizando la utilización de recursos. Esta sinergia tiene aplicaciones en ciudades inteligentes, automatización industrial y el desarrollo de dispositivos vestibles inteligentes, mejorando la eficiencia y la conectividad en diversos dominios.

La computación cuántica promete revolucionar la IA y el ML al aumentar exponencialmente las capacidades computacionales. Algoritmos cuánticos, como el aprendizaje automático cuántico, tienen el potencial de superar a los algoritmos clásicos para tareas específicas, ofreciendo soluciones a problemas complejos de optimización y desafíos de análisis de datos. A medida que avanza la tecnología de la computación cuántica, podría desbloquear nuevas posibilidades para resolver problemas actualmente fuera del alcance de las computadoras clásicas.

Las aplicaciones de IA y ML están transformando los procesos de toma de decisiones, la gestión de riesgos y las interacciones con los clientes en los sectores empresarial y financiero. El trading algorítmico, la detección de fraudes y el asesoramiento financiero personalizado son áreas donde los modelos de ML contribuyen a operaciones eficientes basadas en datos. La capacidad de los sistemas de IA para analizar grandes conjuntos de datos, identificar patrones y hacer predicciones en tiempo real mejora la agilidad y la competitividad de las empresas en un paisaje digital que evoluciona rápidamente.

La disponibilidad de marcos de trabajo de código abierto, plataformas de computación en la nube y recursos educativos accesibles ha facilitado la democratización de la IA. Plataformas como TensorFlow y PyTorch han capacitado a investigadores, desarrolladores y empresas para experimentar y implementar modelos de ML a gran escala. Los servicios en la nube de los principales proveedores ofrecen recursos de computación escalables, permitiendo que las organizaciones aprovechen las capacidades de la IA sin inversiones significativas en infraestructura inicial. Esta democratización fomenta la innovación y acelera la adopción de la IA en diversas industrias.

A medida que las tecnologías de inteligencia artificial (IA) y aprendizaje automático (ML) continúan avanzando, las consideraciones éticas, prácticas de IA responsables y la mitigación de sesgos se han convertido en puntos focales de discusión. Asegurar la equidad, transparencia y responsabilidad en los sistemas de IA es crucial para construir confianza y fomentar la implementación responsable de estas tecnologías. Las implicaciones éticas de las aplicaciones de IA, especialmente en reconocimiento facial, vehículos autónomos y toma de decisiones algorítmica, están generando conversaciones en torno al desarrollo de marcos éticos, pautas y estándares regulatorios.

En conclusión, los avances en IA y ML han llevado a estos campos a alturas sin precedentes, transformando industrias, mejorando capacidades y dando forma al futuro de la tecnología. Desde los avances en aprendizaje profundo y aprendizaje por refuerzo hasta las innovaciones en procesamiento del lenguaje natural, visión por computadora y modelos generativos, la IA empuja los límites de lo posible. A medida que estas tecnologías maduran, el enfoque en consideraciones éticas, prácticas responsables y la democratización de la IA desempeñarán roles fundamentales para garantizar que los beneficios de la IA se aprovechen para el bienestar de la sociedad. La interacción dinámica entre la innovación tecnológica y las consideraciones éticas sin duda dará forma a la trayectoria futura de la IA y el ML

Tendencias Emergentes

Las tendencias emergentes en inteligencia artificial (IA) y aprendizaje automático (ML) están dando forma al futuro de la tecnología, influyendo en industrias e impactando varios aspectos de nuestra sociedad. Una tendencia notable es el auge de la IA responsable, enfatizando consideraciones éticas, transparencia y responsabilidad en el desarrollo e implementación de sistemas de IA. A medida que las tecnologías de IA se vuelven más omnipresentes, hay un creciente reconocimiento de la necesidad de abordar posibles sesgos, garantizar la equidad y establecer pautas claras para el uso ético de la IA. Los marcos de IA responsable, las pautas éticas y los estándares regulatorios evolucionan para guiar a los profesionales, organizaciones y legisladores en fomentar la adopción responsable y equitativa de la IA.

Otra tendencia prominente es la creciente integración de la IA con la computación en el borde, acercando la inteligencia a la fuente de generación de datos. La IA en el borde permite el procesamiento en tiempo real, reduciendo la latencia y mejorando la eficiencia de aplicaciones en sectores como el Internet de las cosas (IoT), la salud y la manufactura. La combinación de algoritmos de IA y dispositivos en el borde capacita a sistemas inteligentes para tomar decisiones rápidas sin depender de recursos centralizados en la nube, abriendo nuevas posibilidades para aplicaciones de IA descentralizadas y receptivas.

Los avances continuos en procesamiento del lenguaje natural (NLP) y la IA conversacional representan una tendencia significativa, permitiendo interacciones más sofisticadas entre humanos y máquinas. Modelos de lenguaje como GPT-4 y BERT muestran la capacidad de entender el contexto, generar respuestas coherentes e incluso exhibir una comprensión matizada del lenguaje. Esta tendencia tiene implicaciones para asistentes virtuales, chatbots de servicio al cliente y traducción de idiomas, ofreciendo experiencias de comunicación más naturales y contextualmente conscientes.

La IA Explicable (XAI) está ganando tracción como una tendencia crítica, especialmente en aplicaciones donde la interpretabilidad es primordial. XAI tiene como objetivo hacer que los modelos de IA sean más transparentes y comprensibles, permitiendo a los usuarios entender cómo se toman las decisiones. A medida que los sistemas de IA se vuelven cada vez más complejos, comprender el razonamiento detrás de sus predicciones se vuelve crucial para construir confianza y facilitar una adopción más amplia. Técnicas de XAI, como marcos de interpretabilidad de modelos y visualizaciones, contribuyen al desarrollo de sistemas de IA precisos pero también explicables y responsables.

La fusión de la IA con la atención médica es una tendencia transformadora con implicaciones de largo alcance para el diagnóstico, la medicina personalizada y la gestión de la salud. Los modelos de IA analizan datos médicos, incluidas imágenes, genómica y registros electrónicos de salud, para diagnosticar enfermedades, predecir resultados de pacientes y recomendar planes de tratamiento personalizados. La convergencia de la IA y la atención médica contribuye a diagnósticos más precisos, detección temprana de enfermedades y optimización de la atención al paciente, inaugurando una era de soluciones de atención médica impulsadas por datos y personalizadas.

La evolución de la IA en la ciencia climática y la sostenibilidad ambiental es una tendencia emergente que se alinea con el imperativo global de abordar el cambio climático. Se están implementando aplicaciones de IA para analizar vastos conjuntos de datos relacionados con patrones climáticos, monitorear cambios ambientales y optimizar la gestión de recursos. Desde predecir eventos climáticos extremos hasta optimizar el consumo de energía, la IA es una herramienta valiosa para fomentar la conciencia ambiental, la resiliencia y prácticas sostenibles.

La automatización del aprendizaje automático (AutoML) está simplificando el proceso de desarrollo de modelos de aprendizaje automático (ML), haciendo que la inteligencia artificial sea accesible para un público más amplio. Las plataformas de AutoML automatizan la selección de algoritmos, la ingeniería de características y la sintonización de hiperparámetros, reduciendo las barreras de entrada para individuos y organizaciones con experiencia limitada en ML. Esta democratización del ML permite que los no expertos aprovechen la IA para diversas aplicaciones, desde análisis empresarial hasta investigación científica, contribuyendo a la adopción generalizada del aprendizaje automático.

La tendencia hacia sistemas de visión más robustos y adaptables está cobrando impulso en la visión por computadora. Los avances en técnicas de aprendizaje auto supervisado y aprendizaje no supervisado contribuyen al entrenamiento de modelos de visión por computadora sin necesidad de conjuntos de datos etiquetados extensos. Esta tendencia permite el desarrollo de sistemas de visión que se generalizan a diversos escenarios del mundo real, mejorando su rendimiento en el reconocimiento de objetos, vehículos autónomos y aplicaciones de realidad aumentada.

El aprendizaje automático cuántico representa una emocionante frontera, explorando la sinergia entre la computación cuántica y los algoritmos de ML. La capacidad única de la computación cuántica para procesar vastos conjuntos de datos y resolver problemas de optimización complejos promete acelerar tareas de ML. Algoritmos de aprendizaje automático cuántico, como máquinas de soporte vectorial cuánticas y redes neuronales cuánticas, ofrecen el potencial de una aceleración exponencial en ciertos cálculos, allanando el camino para aplicaciones y descubrimientos novedosos en el campo.

La convergencia de la IA con la tecnología 5G es otra tendencia destinada a remodelar las infraestructuras de conectividad y comunicación. La combinación de IA y redes 5G permite un procesamiento de datos más rápido, comunicación de baja latencia y asignación eficiente de recursos. Esta tendencia tiene implicaciones para experiencias móviles mejoradas, la proliferación de dispositivos de Internet de las cosas (IoT) y el desarrollo de ciudades inteligentes, donde las aplicaciones impulsadas por la IA pueden aprovechar las capacidades de alta velocidad y baja latencia de las redes 5G.

La adopción de la IA para la gestión de riesgos, la detección de fraudes y el trading algorítmico en finanzas sigue evolucionando como una tendencia significativa. Los modelos de IA analizan datos de mercado en tiempo real, identifican patrones y toman decisiones basadas en datos, contribuyendo a sistemas financieros más eficientes y adaptables. El uso de la IA en tecnología financiera se está expandiendo más allá de la banca tradicional para abarcar áreas como las finanzas descentralizadas (DeFi), donde los contratos inteligentes y los algoritmos impulsados por la IA facilitan servicios financieros descentralizados.

La tendencia hacia la creatividad impulsada por la IA está presenciando el desarrollo de modelos generativos que producen arte, música y literatura. Aplicaciones creativas de IA, como pinturas generadas por IA y composiciones musicales, muestran la capacidad de los algoritmos para emular y ampliar la creatividad humana. Esta tendencia plantea preguntas sobre el papel de la IA en la expresión artística, la propiedad intelectual y la exploración de nuevas posibilidades creativas.

A medida que las tecnologías de inteligencia artificial (IA) y aprendizaje automático (ML) continúan avanzando, las colaboraciones interdisciplinarias y un enfoque en aplicaciones multidisciplinarias están surgiendo como tendencias que reducen la brecha entre la tecnología y diversos campos. Las colaboraciones interdisciplinarias involucran a expertos de diversos campos que trabajan juntos para aprovechar el potencial de la IA en la resolución de problemas complejos. Ya sea en la IA en la atención médica, la ciencia del clima, las finanzas o las artes, los enfoques interdisciplinarios contribuyen a soluciones de IA integrales e impactantes que abordan desafíos del mundo real.

En conclusión, las tendencias emergentes en IA y ML están dando forma a un futuro donde prácticas de IA responsables, tecnologías avanzadas y colaboraciones interdisciplinarias convergen para abordar desafíos sociales complejos. Desde la adopción responsable de la IA hasta la integración de la computación en el borde, los avances en procesamiento del lenguaje natural, la IA explicativa y la fusión de la IA con la atención médica, estas tendencias reflejan la evolución dinámica de tecnologías que tienen el potencial de transformar industrias y mejorar la calidad de vida. A medida que estas tendencias se desarrollan, un equilibrio entre la innovación, las consideraciones éticas y el impacto en la sociedad será crucial para navegar por el panorama en evolución de la IA y el ML.

Implicaciones para la Sociedad

El rápido avance e integración de las tecnologías de inteligencia artificial (IA) y aprendizaje automático (ML) en diversas facetas de la sociedad conlleva profundas implicaciones que abarcan dimensiones económicas, sociales, éticas y culturales. Una de las implicaciones críticas es la transformación del mercado laboral. La automatización impulsada por la IA y el ML tiene el potencial de remodelar industrias, llevando a la supresión de trabajos específicos mientras se crean nuevas oportunidades. Los trabajos que involucran tareas rutinarias y repetitivas son más susceptibles a la automatización, lo que hace necesario el desarrollo de estrategias de reciclaje y mejora de habilidades para adaptarse a las cambiantes demandas del mercado laboral.

Consideraciones éticas emergen prominentemente en la implementación de sistemas de IA, generando preocupaciones sobre sesgos, transparencia y responsabilidad. El uso de datos de entrenamiento sesgados puede resultar en resultados discriminatorios, perpetuando desigualdades sociales. Modelos de IA transparentes y explicables se vuelven cruciales para asegurar que las decisiones tomadas por algoritmos sean comprensibles y justificables. La responsabilidad de los sistemas de IA, especialmente en ámbitos críticos como la atención médica, las finanzas y la justicia penal, se ha convertido en una preocupación apremiante, haciendo necesario marcos regulatorios y pautas éticas para gobernar su uso responsable.

La privacidad se vuelve primordial a medida que las aplicaciones de IA dependen cada vez más de vastas cantidades de datos personales. Tecnologías como el reconocimiento facial, la autenticación biométrica y el análisis predictivo a menudo implican el procesamiento de información sensible, generando preguntas sobre los derechos de privacidad individual y el potencial de vigilancia. Lograr un equilibrio entre aprovechar la IA para beneficios sociales y salvaguardar la privacidad personal requiere sólidas regulaciones de protección de datos, mecanismos de consentimiento informado y la implementación de tecnologías de preservación de la privacidad.

El acceso desigual y la adopción de las tecnologías de inteligencia artificial (IA) pueden exacerbar las disparidades sociales. La "brecha digital" puede ampliarse ya que ciertas demografías o regiones pueden tener un acceso limitado a innovaciones impulsadas por la IA, lo que lleva a desigualdades en educación, empleo y oportunidades económicas. Reducir esta brecha requiere esfuerzos concertados para asegurar un acceso equitativo a las tecnologías de IA, especialmente en educación y formación, para capacitar a individuos y comunidades con las habilidades necesarias para participar en el futuro impulsado por la IA.

La integración de la IA y el ML en la atención médica tiene un potencial transformador para el diagnóstico de enfermedades, la optimización del tratamiento y la medicina personalizada. Sin embargo, surgen consideraciones éticas con respecto al manejo responsable de los datos de los pacientes, el potencial de sesgos en modelos predictivos y la necesidad de pautas claras sobre el uso ético de la IA en la toma de decisiones médicas. Equilibrar los beneficios de la IA en la atención médica con consideraciones éticas es crucial para fomentar la confianza entre los pacientes, los profesionales de la salud y la sociedad en general.

El impacto de la IA en la educación es multifacético, ofreciendo oportunidades para el aprendizaje personalizado, evaluaciones adaptativas y el desarrollo de sistemas inteligentes de tutoría. Sin embargo, los desafíos incluyen preocupaciones sobre la privacidad de datos en entornos educativos, el potencial refuerzo de sesgos en algoritmos utilizados para la evaluación de estudiantes y la necesidad de que los educadores se adapten a nuevos enfoques pedagógicos. Integrar la IA de manera responsable en la educación requiere un enfoque reflexivo que considere las implicaciones éticas, capacite a los educadores con las habilidades necesarias y garantice un acceso igualitario a los recursos educativos mejorados por la IA.

La implementación de la IA en la justicia penal y la aplicación de la ley introduce consideraciones éticas complejas, especialmente en cuanto a la equidad, responsabilidad y posibles sesgos. Los algoritmos de predicción policial, las herramientas de evaluación de riesgos y los sistemas de reconocimiento facial pueden afectar desproporcionadamente a comunidades marginadas, generando preocupaciones sobre el prejuicio sistémico y prácticas discriminatorias. Encontrar un equilibrio entre aprovechar la IA para la prevención del crimen y garantizar la equidad en los sistemas de justicia requiere transparencia, mecanismos de responsabilidad y un escrutinio continuo para mitigar consecuencias no deseadas.

Las implicaciones culturales de la IA y el ML abarcan la integración de estas tecnologías en la creación artística, los medios de comunicación y el entretenimiento. Herramientas impulsadas por la IA para la generación de contenido, composición musical y artes visuales plantean preguntas sobre la naturaleza de la creatividad, la autoría y el papel de las máquinas en la expresión cultural. A medida que la IA se convierte en una herramienta para emprendimientos creativos, las implicaciones éticas de la atribución, los derechos de propiedad intelectual y el impacto en las industrias creativas tradicionales necesitan una consideración cuidadosa.

La adopción generalizada de la IA también plantea desafíos de ciberseguridad. A medida que los sistemas de IA se vuelven más sofisticados, también lo hacen las amenazas potenciales de ataques adversarios, manipulación de modelos de IA y explotación de vulnerabilidades. Garantizar la seguridad de las aplicaciones de IA es primordial para prevenir un uso malicioso y salvaguardar la infraestructura crítica, los sistemas financieros y la información sensible.

Para abordar estas implicaciones sociales, es crucial contar con esfuerzos colaborativos entre legisladores, partes interesadas de la industria, investigadores y el público. Establecer marcos regulatorios claros que equilibren la innovación con consideraciones éticas es esencial para guiar el desarrollo y despliegue responsables de las tecnologías de inteligencia artificial (IA). La conciencia pública y la educación sobre las capacidades y limitaciones de la IA fomentan discusiones informadas y ayudan a mitigar preocupaciones.

A medida que la IA continúa evolucionando, es esencial priorizar la inclusividad, la diversidad y la equidad en el desarrollo y despliegue de estas tecnologías. Garantizar que se consideren perspectivas diversas en la investigación y desarrollo de la IA ayuda a evitar sesgos y promueve la creación de soluciones que beneficien a un amplio espectro de la sociedad. Pautas éticas, estándares de la industria y un diálogo continuo serán fundamentales para navegar por el complejo panorama de la IA y el aprendizaje automático, asegurando que estas tecnologías contribuyan positivamente al bienestar individual y al avance de la sociedad.

CONCLUSIÓN

En conclusión, "Descifrando el Código: Introducción al Aprendizaje Automático para Principiantes" se erige como una guía completa y accesible, sentando las bases para una comprensión profunda del aprendizaje automático (ML) y estableciendo una sólida base para adentrarse en el intrincado ámbito de la inteligencia artificial (IA). Este libro electrónico navega hábilmente a través de los conceptos fundamentales de la recopilación de datos, la preparación, el entrenamiento del modelo, la evaluación y la implementación, proporcionando a los principiantes un camino claro para comprender las complejidades de los procesos de ML.

El viaje comienza desmitificando las complejidades de los datos, haciendo hincapié en su papel fundamental como la sangre vital de los modelos de ML. El libro electrónico guía hábilmente a los lectores a través de los matices de la preparación de datos, una fase crucial que influye significativamente en el rendimiento y la confiabilidad de los algoritmos de ML. A partir de ahí, se desarrolla la exploración del entrenamiento del modelo, desentrañando los misterios detrás de los algoritmos que impulsan la analítica predictiva, la toma de decisiones y el reconocimiento de patrones.

A medida que el libro electrónico avanza hacia los ámbitos de la evaluación y la validación, los lectores obtienen información sobre las métricas y técnicas utilizadas para evaluar la eficacia y robustez de los modelos de ML. Esta sección no solo equipa a los principiantes con las herramientas para medir el éxito, sino que también inculca una comprensión de la naturaleza iterativa y dinámica del proceso de ML.

El libro electrónico no se detiene simplemente en el entrenamiento de modelos; se adentra en el dominio igualmente crítico de implementar soluciones de ML en escenarios del mundo real. Desde comprender las complejidades de la regresión lineal hasta desentrañar la complejidad de los árboles de decisión y las máquinas de soporte vectorial, el libro electrónico asegura que los principiantes estén bien versados en varios algoritmos de ML y listos para abordar diversos desafíos en diferentes industrias.

Al explorar conceptos avanzados como redes neuronales, algoritmos de agrupamiento y aplicaciones del mundo real de ML, el libro electrónico reduce la brecha entre el conocimiento teórico y la implementación práctica. No solo brinda conocimientos valiosos sobre tecnologías de vanguardia, sino que también fomenta una apreciación de las diversas aplicaciones de ML para resolver problemas complejos, desde la salud y las finanzas hasta la ciberseguridad y los emprendimientos creativos.

A lo largo de este viaje educativo, el libro electrónico tiene en cuenta las consideraciones éticas y desafíos inherentes en ML. Aborda la importancia de la transparencia, la equidad y la responsabilidad, guiando a los principiantes hacia prácticas éticas de IA que priorizan el bienestar de las personas y el impacto societal de las tecnologías de IA.

En esencia, "Descifrando el Código" trasciende los límites de una introducción típica al aprendizaje automático. Capacita a los principiantes para entender los principios fundamentales y visualizar el panorama más amplio de las posibilidades de la IA. A medida que se desarrolla el capítulo final, los lectores se encuentran equipados con el conocimiento y la confianza para emprender sus incursiones en el siempre cambiante mundo del aprendizaje automático, armados con las herramientas para contribuir significativamente a la narrativa continua de la inteligencia artificial. El libro electrónico no solo sirve como una introducción, sino como una invitación a explorar, innovar y dar forma al futuro de la IA.

Gracias por comprar y leer/escuchar nuestro libro. Si este libro le ha resultado útil, tómese unos minutos y deje una reseña en la plataforma donde compró nuestro libro. Sus comentarios son muy importantes para nosotros.